O grande silêncio

Alcio Braz

O GRANDE SILÊNCIO

Uma introdução à meditação e à prática do darma

2ª edição

Um manual de treinamento leigo em oito semanas
para o despertar da potência da vida
em cada um de nós

GRYPHUS

Rio de Janeiro

Revisão
Vera Villar
Marcia Moreira de Carvalho

Diagramação
Rejane Megale

Capa
Carmen Torras (www.gabientedeartes.com.br)

Ilustração da capa
Tem Oxherding Songs, de Karasamuru Mitsuhiro

Adequado ao novo acordo ortográfico da língua portuguesa

CIP-BRASIL. CATALOGAÇÃO-NA-FONTE
SINDICATO NACIONAL DOS EDITORES DE LIVROS, RJ

B839g
2. ed.

Braz, Alcio, 1956-
O grande silêncio : uma introdução à meditação e e à prática do darma / Alcio Braz. - 2. ed. - Rio de Janeiro : Gryphus, 2025.
92 p. ; 21cm.

ISBN 978-85-8311-155-9
"Um manual de treinamento leigo em oito semanas para o despertar da potência da vida em cada um de nós"

1. Zen-budismo. 2. Meditação. I. Título.

25-99968.0 CDD: 294.3927
CDU: 244.82

GRYPHUS EDITORA
Rua Major Rubens Vaz 456 – Gávea – 22470-070
Rio de Janeiro – RJ – Tel.: + 55 21 2533-2508
www.gryphus.com.br – e-mail: gryphus@gryphus.com.br

Dedico este livro a todos os seres que têm me ensinado nos encontros desta vida e ao amor reencontrado em Ana Claudia.

Sumário

Introdução

Quebrando o silêncio

O primeiro encontro com Roshi Eido Shimano em um dos centros zen de Nova Iorque, em janeiro de 1993, foi encerrado pelo comentário do mestre – *seus pacientes conseguem ser ouvidos por você?*

Após essa única e contundente fala, fui enviado para caminhar na neve do Central Park por duas horas, em silêncio, e comecei assim a me exercitar nessa prática transformadora. Tinha falado por uma hora sem parar e, ao voltar à presença do Roshi, permaneci em silêncio, recebendo a instrução da meditação (zazen) também compartilhada em silêncio pelo mestre. Pratiquei depois com o primeiro *koan* (fragmento de narrativa zen utilizado para quebrar o apego ao narcisismo e à dualidade, e favorecer a percepção da ação da causalidade) dado pelo professor, "O Cachorro de Zhaozhou".

Quarenta anos se passaram e cometo mais uma vez a quebra da recomendação do mestre, desta vez tornando pública sua instrução. Escrever é falar e continuo falando além da conta... No entanto, é um bom momento para pedir que você observe esse fato importante, leitor ou leitora: nossa prática quer transformar nossa relação com esse eu e com a realidade, não destruir o que somos. O ego, ou eu, não é desprezado na nossa tradição: apenas temos que aprender suas funcionalidades e não torná-lo nosso ídolo e razão de ser. Esse "apenas" é tudo isso, ao mesmo tempo.

Esse é um conflito eterno para quem pratica o silêncio – como compartilhar o ensinamento sem palavras? O zen costuma ser descrito como a transmissão fora das escrituras, fora das estratégias cognitivas habituais. No método tradicional, isso vem pela convivência, observação e imitação no silêncio, prática comum à maioria das linhagens de treinamento monástico, cristãs ou budistas. Para pessoas criadas em ambientes culturais como os de nossas cidades, por exemplo, esse tipo de aprendizado é sumamente difícil. Entretanto, mesmo o Buda Shakyamuni teve de superar sua desesperança inicial em relação à viabilidade de se transmitir o ensinamento.

Como nem sempre temos a possibilidade, a capacidade ou a vontade de conviver em um ambiente monástico, este guia se dirige àqueles que sentem a necessidade de mudar seu caminho nesta vida, que percebem certo mal-estar em suas existências, mesmo que materialmente bem-sucedidos. Permitam que eu me dirija a vocês que leem estas páginas, que quebre o silêncio entre nós e também que os trate com a intimidade que compartilho com meus alunos e amigos, usando uma forma mais coloquial de escrita. O Buda dizia que só trilhamos o caminho da prática espiritual quando estamos com a exaustão do samsara, que poderia ser traduzido por "não aguento mais minha vida". Enquanto isso não acontece, vamos repetindo as mesmas atitudes equivocadas, esperando resultados melhores a cada vez, e colhendo as mesmas consequências de sempre.

Frequentemente sentimos a necessidade de mudar, talvez sem perceber que nossas atitudes habituais são uma forte prisão, da qual não se pode escapar apenas pela boa intenção. Essa aspiração, se não for acompanhada por algum passo concreto, irá desaparecer quando o próximo estímulo desviar nossa atenção.

Não tente mudar tudo de uma vez. Por favor, seja sincero e analise sua vida. Quantas vezes declarou essa intenção para abandoná-la logo após, sentindo-se desanimado e mais uma vez diminuindo a confiança em sua capacidade de realização? Esse ciclo vicioso se repete ano após ano, crise após crise. Use seu poder de decisão de forma realista, estabelecendo pequenos passos que o irão conduzir às mudanças pretendidas.

A prática do silêncio é o primeiro passo que proponho. Peço desculpas por ter de falar, mas sua prática começa nesta leitura. Solicito o dom da sua escuta, aquilo que não fui capaz de oferecer ao meu professor naquela primeira entrevista.

Você pode ler o livro todo de uma só vez, mas a proposta é que a cada semana você aprenda e pratique um exercício específico, que deverá continuar a ser praticado juntamente com o exercício da semana seguinte. É importante não pular os exercícios nem tentar acelerar o processo, praticando, por exemplo, metade do tempo cada instrução. Nossa mente precisa de certo tempo para processar informações novas, novos hábitos demoram a ser construídos e, afinal, oito semanas não é tanto tempo assim para começar a mudar efetiva e eficazmente sua vida. Os capítulos são curtos, permitindo que você focalize o essencial e não se perca em muitas vias secundárias.

Tenha certeza de que a prática sincera e contínua das instruções aqui contidas começará a transformar a sua vida. Este treinamento, como ginástica e dieta, só funcionará se você tomar a decisão de praticá-lo com seriedade e disposição. Não existe fórmula mágica capaz de transformar sua vida sem seu esforço. Acredite em sua capacidade de buscar o que é bom para você e na sua percepção de que sua vida não está muito bacana do jeito que está. Esse é o primeiro passo.

As instruções apresentadas neste manual não são criação minha. Fazem parte do tesouro espiritual e psicológico de nossa espécie há milhares de anos, sendo uma construção coletiva da humanidade. Foram moldadas pela experiência de 45 anos como médico psiquiatra, mais de quarenta anos como paciente de vários terapeutas e 55 anos como praticante de meditação, dos quais 32 anos na tradição zen-budista. Se preferir escutar apenas o terapeuta, tudo bem. Esqueça que sou também um monge. São papéis necessários para que nos movimentemos em sociedade, mas prefiro que me considere um companheiro de viagem, mais um praticante no caminho, que pede para ser escutado, que pede o seu silêncio pelo tempo de duração desta leitura.

Você não precisa se converter a nenhuma religião exótica oriental para praticar. Do jeito que vejo – e, que fique bem claro desde já, essa visão não é compartilhada por todos os praticantes do darma, nem no zen nem nas demais tradições –, o zen não é uma religião no sentido habitual dado em nossa cultura, – de culto a uma "verdade" revelada. É uma prática transmitida para mim desde o Buda Shakyamuni até meus professores, visando à libertação do sofrimento provocado por mim mesmo através do *meu* apego à *minha* arrogância, ao *meu* jeito de ver o mundo, à *minha* maneira de manipular as pessoas, ao *meu* medo da impermanência, que experimento no envelhecer, adoecer, perder e ao testemunhar a morte dos outros seres.

Pessoalmente, não sou muito chegado a instituições religiosas, todas ancoradas nos processos de colonização de corações e mentes, palcos de exercícios de poder e opressão, coisa que abordo na segunda parte deste livro, destinada aos que se interessam por história, antropologia, sociologia e ativismo social. Além disso, me parece, após muita análise, que devo ter problemas com as figuras de autoridade. Por isso prefiro me manter como marginal mesmo na prática do zen, sem me filiar às igrejas budistas tradicionais, apesar de honrar as pessoas que me instruíram na prática do darma, do catolicismo, da umbanda e do candomblé.

A bem da verdade, também durei pouco tempo como filiado à instituição psicanalítica, nem simpatizo com partidos políticos. Reconheço que precisamos de formas de organização coletiva, mas essas não me atraem. Vejo-as como cenários para o exercício do poder narcísico e das manobras associadas a esse tipo de poder e da busca do *status* e do lucro.

Talvez isso deixe confuso quem me vê , mesmo que raramente hoje em dia, oficiando rituais zen, vestido de monge. Os rituais são formas de corporificar o darma, de chamar nossa atenção para o aqui e agora da vida, de marcar os momentos de transição fundamentais em nossas vidas individuais, familiares e sociais, e de criar um ambiente emocional propício para se fazerem votos, aspirações que reforçam a determinação de praticar. As roupas tradicionais, usadas eventualmente, são uma homenagem aos nossos professores, desde o Buda Shakyamuni, que nos legou o kesaya, ou manto budista. Mesmo assim, há professores que preferem uma prática totalmente secularizada, sem qualquer referência aos nossos antecessores. Que bom que existe a variedade de opções, assim todos podemos buscar os grupos e professores que mais possam favorecer nossa determinação de praticar.

Assim, a primeira parte deste livro é dedicada à introdução à meditação, à atenção plena, aquilo que na língua inglesa é chamado de *mindfulness*. Você pode se interessar e praticar apenas esta parte. Na segunda parte, os textos abordam a prática do zen tal como a vejo e ajudei a construir no Rio de Janeiro, descrevendo um pouco do dia a dia de uma comunidade de prática, algo de nossa visão de mundo e da forma de nele nos inserirmos. Estar numa comunidade zen é uma das formas possíveis de aprender e praticar meditação, certamente não a única nem necessariamente a melhor. Cada um de nós tem que descobrir qual prática contemplativa é a mais adequada para si mesmo.

Agradeço aos mestres que tive a felicidade de encontrar nesta vida, a começar pela saudosa Maria Adelaide Sepúlveda, primeira terapeuta e mestra, a meu pai, Francisco, cujo silêncio só pude entender e aceitar quando se tornou definitivo, e à minha mãe, Maria do Carmo, que apesar de parecer falante era extremamente reservada quanto a si mesma.

No zen, agradeço aos meus professores, em ordem cronológica: Bunkei Yamamoto Sensei, no templo Rinzai de Sounin-ji, em Tóquio, em 1992; Eido Shimano Roshi, da Zen Studies Society em Nova Iorque, onde estudei em 1993 e 1994; reverendo Marcos Ryokyu Beltrão, meu primeiro mestre brasileiro que, além de vários ensinamentos, me apresentou a Ryotan Tokuda Roshi, a quem especialmente agradeço por ter tido a compaixão de ter sido o primeiro a receber meus votos como praticante ordenado e monge zen; e a Joan Halifax Roshi, que me autorizou formalmente como professor (Hoshi), por me abrir todo um novo mundo na prática da nossa tradição, a partir de sua experiência no acolhimento de pessoas no término da vida, do contato regenerador com os enlutados e do cultivo de um budismo engajado.

Agradeço também a meus outros terapeutas formais (porque a vida nos traz muitos ensinamentos e tratamentos informais), Mabel Botelli, César Parga, Beatriz Ferraz, Maria Eugênia Camolesi e Carlos Plastino, o auxílio recebido em momentos críticos. Sem esquecer dos meus supervisores e professores em vários ramos da psiquiatria e da psicanálise: Jacques Engel, William Asmar, Gilda Sobral Pinto, Gracia Saraigossi, Jorge Adelino Silva, Léa Lemgruber e Calil Hezim.

Outros mestres têm sido minhas filhas, meus genros, meus netos, meus enteados, meus amores, especialmente minha amada parceira de vida, Ana Cláudia, meus amigos irmãos, e também os que não gostam de mim ou que criam situações que me provocam, todos me apoiando na prática e na descoberta de onde preciso me esforçar mais, a partir da minha reatividade e projeções. Olhando antigas fotos, cartas, diários e lembranças, vejo como se constrói uma vida – e sem vocês não haveria prática. Muito obrigado.

Meus pacientes têm sido colaboradores permanentes no aprendizado. A eles um obrigado especial e um pedido de perdão aos que não consegui ajudar a seguir o caminho que decidiram trilhar. Àqueles que pude acompanhar em sua trajetória para o término da existência, ofereço uma homenagem através do que nossa experiência juntos me ensinou.

Meus colegas da área da saúde e da reflexão sobre vida e morte me ensinam constantemente, compartilhando vivências, dores e delícias de sermos cuidadores profissionais. A eles também minha profunda reverência, especialmente lembrando Márcia Meirelles e Regina Neri, duas mulheres e profissionais admiráveis que tive a oportunidade e a honra de poder acompanhar no seu processo de vida e morte, e Ricardo Vaz, Ana Beatriz Edler e Teresa Andrade, com quem compartilho momentos de reflexão, aprendizado e prazer de viver.

Aos companheiros de sanga, digo obrigado por me ajudarem a cumprir meus votos e por terem tanta tolerância com um monge novato, especialmente meus alunos. Quando observo seu esforço na prática, me emociono e tomo mais um alento para prosseguir. Na grande sanga, lembro os amigos do Upaya, da Nomads Clinic e os sherpas de Humla, que tanto me ensinaram, e especialmente homenageio Tsering Paljor, um bodhisattva que cumpriu seu voto e cuja lembrança me estimula a prosseguir na peregrinação da vida, e Nurbu Lama, irmão nepalês que me guiou nos Himalaias.

Pena que os cães não podem ler, mas sei que todos os que me ensinaram muito sobre lealdade e afeto leram meu coração: Tequila, Naomi, Cacau, Sol, Luna, Caramba e Chiara. Sem esquecer os gatinhos Romeu, Raja e Baguera. Grandes professores.

Obrigado pela sua paciência. Que esta leitura possa ser um segundo passo para os que tomaram a decisão de mudar, uma conversa entre companheiros, para os que já praticam. Possamos todos dela nos beneficiar.

Alcio Tetsushin Braz
www. eininji.org
Eininji no Facebook
@alciobraz no Instagram

Parte I

Introdução à meditação

Capítulo 1

Praticando a observação

Será que sou tão barulhento assim? Você pode se sentir uma pessoa já silenciosa, mas na verdade não sabemos ainda se você realmente o é. Acho que precisamos exercitar um pouco nossa capacidade de observação.

Primeiramente, observe o ambiente em torno de você neste exato momento. Há alguém falando? Você escuta música, enquanto lê? Há veículos passando?

Depois deste primeiro exame, observe seu ambiente interior. Você fica em silêncio, enquanto lhe falo? Fica em silêncio, quando escuta uma palestra? Bom, você pode me dizer que a resposta é óbvia, já que você é uma pessoa educada e não costuma interromper palestras nem pessoas que se dirijam a você. Mas a conversa na sua cabeça para em algum momento? Você escuta *mesmo* ou sempre tem uma resposta ou comentário na sua cabeça, ainda que por educação, ou medo, ou timidez não ponha para fora seu ruído interior?

Surpreso? É incrível como é difícil fazer silêncio, mesmo quando ficamos de bico fechado. Nosso parentesco com os macacos nunca é tão evidente quanto neste momento, em que avaliamos nossa capacidade de fazer silêncio. Ficar calado ou sem se mexer parece ser a coisa mais difícil para nossa espécie, tão difícil que algumas pessoas que treinam essas práticas costumam posar de estátuas nas ruas movimentadas, tentando ganhar uns trocados pelo seu esforço.

O primeiro exercício que proponho é a simples observação. Pare de 1 a 5 minutos de cada vez, três vezes por dia, e observe os ruídos externos e internos. Respire calmamente, em pé, caminhando, sentado ou deitado, e escute. Durante esse exercício dc observação evite falar ou realizar qualquer ação intencional ou automática. Apenas respire e observe, sem julgar o que é observado, sem classificar ou fazer escolhas. Deixe a barriga solta, permitindo que o ar entre e saia de seus pulmões livremente e que os preencha completamente. Resumindo: 1º exercício: observação com respiração consciente.

O primeiro exercício destina-se a praticar a concentração em apenas uma atividade – a observação. Habitue-se a praticá-lo e registre em um caderno suas impressões a cada dia. As anotações podem ser resumidas ou eventualmente mais longas, mas devem ser diárias. Lembre-se de que qualquer aprendizado requer disciplina, e aqui tratamos do aprendizado mais importante – aprender a viver de uma forma que traga bem-estar a você e a todos os seres que o cercam. Então registre suas observações sobre os ruídos, sobre as fontes externas e internas, sobre os temas das suas conversas interiores, sobre suas reações, enfim, construa passo a passo o diário do seu caminho. Poderá ser difícil a princípio, mas rapidamente se tornará um hábito saudável.

Pratique este exercício durante a primeira semana de nosso treinamento, quantas vezes por dia lembrar, durante o tempo que puder. Que isso seja feito pelo menos três vezes por dia, durante pelo menos 5 minutos. Anote sempre suas observações e, nas semanas seguintes, utilize o caderno não só para essa primeira prática mas também para o registro das demais. Ao final de oito semanas terá um manual prático sobre você, suas dificuldades, suas percepções, seus caminhos, enfim, um manual de autoajuda feito por você mesmo para você mesmo.

Não pense que apenas uma pessoa especial poderá fazer os exercícios. Tudo depende da sua capacidade de acreditar em você mesmo. Sua decisão e seu esforço vão torná-lo essa pessoa especial. Qualquer um de nós é capaz de se tornar especialista em sua própria mente, de sofrer menos e de ajudar os que estão em volta a viver um pouco melhor. Focalize os exercícios de cada semana e não se preocupe com o resultado final. Nesta primeira semana, comece a tornar-se um especialista em respiração e presença consciente na sua própria vida, na sua própria pessoa.

Talvez você já tenha lido ou ouvido a expressão "ao encontrar o Buda, mate o Buda." Isso soa estranho, não é? Mas tem a ver com o que está escrito no parágrafo anterior. Se você ficar apegado à ideia de que apenas o Buda, ou um guru qualquer, ou um professor, ou um terapeuta, é que são capazes de salvá-lo, isso apenas vai enfraquecer sua determinação e a confiança em sua capacidade inata de cuidar de si mesmo. Mate suas idealizações, elas só vão lhe trazer decepções. Buscar ajuda e orientação para o treinamento, buscar apoios em momentos difíceis é necessário e nos faz amadurecer. Mas só você mesmo pode dar os passos em seu caminho. Faça um voto de iniciar a prática nesta semana. Se quiser, pode chamar esta prática de meditação. O nome é o menos importante.

Por favor, lembre-se de manter o bom humor durante as próximas semanas. Ninguém tem culpa de você entrar em um programa de transformação de hábitos mentais prejudiciais. Eventualmente você terá sintomas de abstinência desses vícios psicológicos, portanto poupe seus semelhantes das suas reclamações. Sua cura começa com a capacidade de rir de si mesmo carinhosamente. Cultive o bom humor e essa capacidade a ele associada. Acolha suas emoções, seus sentimentos, procurando não se deixar enredar pelos dramas que habitualmente estão associados aos afetos. A observação supõe que você vai experimentar diretamente as expressões emocionais, as sensações corporais, as percepções, sem se dedicar aos enredos.

Uma das maiores dificuldades desta era é aceitar as sensações viscerais, emoções e sentimentos que se sucedem, momento a momento, em nossa experiência de consciência. Buscamos logo distrações, como entretenimentos, trabalho, jogos amorosos e sexuais, ou anestésicos, como drogas lícitas e ilícitas. O que não queremos é sentir qualquer coisa que possa ser classificada como incômoda, dolorosa, ou negativa. Distraindo-nos ou nos anestesiando, vamos nos embotando para a dor e para o prazer, buscando as satisfações cada vez mais compulsivamente, deixando de viver a vida, mergulhados na virtualidade e na imaginação.

Você poderá aproveitar esses momentos, em que habitualmente buscaria distrações ou anestesia, para praticar a respiração consciente e a atenção plena. Também quando não tiver nada para fazer, momentos em que provavelmente recorreria a uma telinha para se distrair. Filas, engarrafamentos, salas de espera, olha quantas oportunidades de prática!

Fazer um voto desse tipo é assumir um compromisso com você mesmo e com todos os seres, porque o que você fizer com você nos afetará a todos, para o bem ou para o mal. Pema Chödron, em seu excelente livro *A beleza da vida*, sugere que façamos o que chama de Três Compromissos: não prejudicar os seres, ajudar os seres, abraçar a realidade como ela se apresenta. Começamos agora pela base: aprendendo a ficar presentes, desenvolvendo a capacidade de atenção plena a partir da respiração consciente. Parece simples, e é, mas simples não quer dizer fácil. Requer muita disciplina e persistência, qualidades presentes em você, mas nem sempre reconhecidas ou valorizadas.

Capítulo 2

Silenciando o crítico

O segundo exercício a que vamos nos dedicar é uma complementação e reforço do primeiro. Nosso método de treinamento pressupõe a acumulação dos efeitos positivos a cada semana, passo a passo começando a desmontar as estruturas de hábitos mentais pouco saudáveis que desenvolvemos ao longo de nossas vidas.

Infelizmente nosso sistema educacional é pouco orientado para o desenvolvimento da capacidade de criar hábitos mentais saudáveis. Normalmente o foco da educação formal se dirige ou para a construção de um corpo enorme de conhecimentos, destinado a capacitar os estudantes para passarem em provas, concursos e vestibulares – casos das escolas mais tradicionais – ou para o desenvolvimento de pessoas criativas e autônomas, que possam dar asas à sua imaginação – caso das escolas mais voltadas para as teorias construtivistas e similares.

Um pouco de cada uma dessas duas vertentes é útil para a aquisição de habilidades sociais e profissionais necessárias para o adulto em formação. Entretanto, pouca atenção é dada para a construção de hábitos mentais saudáveis e para o cuidado do não desenvolvimento de vícios mentais, frequentemente ocorrendo o oposto, nos tipos mais exagerados de cada modelo educacional. Um desses vícios é a alimentação de um personagem que podemos chamar do Senhor Crítico.

O Senhor Crítico olha com desconfiança para tudo que vem das outras pessoas. Considera sua visão do mundo a mais adequada, frequentemente "a" visão e não uma das visões possíveis. Sente-se superior aos demais, menospreza as capacidades e sucessos dos outros, tem uma tendência séria para a inveja. Quando bem sucedido em suas ambições, torna-se abertamente arrogante e sarcástico; se mal sucedido, torna-se paranoico, buscando culpados em todas as direções.

Talvez você conheça algumas pessoas que sofrem dessa terrível condição. E o que tem isso a ver com o sistema educacional? – você pergunta. A resposta está no estímulo constante à competição, no exagero do modelo tradicional – treinamento para provas, para chegar na frente. E no estímulo precoce da criatividade e autonomia, no exagero do modelo liberal, antes que haja capacidade física e psicológica de exercer a liberdade de escolha.

No modelo tradicional, a mensagem constante é de que, quanto mais você acumular conhecimento, mais apto a vencer a corrida social você estará. Cada sucesso confirmará que seu modo de ver e, por extensão, de ser é o modo certo, verdadeiro e único. No modelo liberal, a criatividade e autonomia são estimuladas antes de ser construída uma estrutura básica de respeito pelas necessidades do outro. Achamos bonitinhos nossos filhos quando desde pequeninos afirmam seu espaço em detrimento do espaço alheio.

Ambas as posturas estimulam a construção de um personagem crítico, arrogante, incapaz de olhar para o outro como sujeito, apenas um objeto de interesses, legítimos ou não, alguém a ser manipulado. O outro passa a ser um competidor a ser vencido, um seguidor a ser conquistado, plateia para nossos sucessos, responsável maior por nossos insucessos. O Crítico que acabamos de descrever nem sempre se desenvolveu de forma completa, às vezes ficou em forma embrionária ou incompleta – ainda bem! Mas todos nós podemos representar esse papel e sabemos como nos faz sofrer, assim como às pessoas que estão em torno de nós.

O desenvolvimento de uma capacidade de olhar o mundo e a nós mesmos de maneira clara, e de uma habilidade discriminatória, que nos permita analisar coisas e vivências, é extremamente importante. Essa capacidade de ter uma visão correta do mundo só pode ser desenvolvida, entretanto, se aprendermos primeiramente a ***aceitar*** o que vemos.

O exercício 2 é praticar a aceitação. Na primeira semana treinamos o silêncio como pré-condição para a observação. Agora vamos refinar a nossa prática e silenciar o Crítico em nós.

Não se assuste. Não é nosso propósito transformá-lo em um robô ou zumbi. A ideia é praticar o desligamento do Crítico por uma semana. Praticar a aceitação das coisas e pessoas tal como se apresentam, sem julgá-las, classificá-las, elogiá-las ou destruí-las. O exercício 2, como já disse, é um complemento e reforço do 1. Nestas duas semanas, praticamos observação e aceitação. Esses são os nomes de nosso silêncio, por enquanto.

Portanto, inspire e expire devagar e abra mão de julgar e criticar. Silencie o Crítico. Seja gentil com você mesmo, mas firme, não facilite. Se você der a mão, o Crítico engolirá o braço. Anote suas dificuldades e progressos. Seu caderninho se tornará dentro de pouco tempo um mapa precioso de seu mundo interior.

Aliás, falando do seu caderno, utilize-o não só para os exercícios, mas também para anotar quaisquer pensamentos, sensações ou dúvidas que surjam relacionadas com as práticas. Sonhos que tenha acordado ou dormindo também são material apropriado. Por enquanto, seria interessante você praticar o silêncio no que diz respeito a sua prática, sucessos ou insucessos. Durante as oito semanas de treinamento, o importante é praticar. Resista à tentação de ficar discutindo com outro amigo ou amiga que esteja no mesmo programa, resista à tentação de tirar dúvidas ou compartilhar momentos de alegria ou frustração. Nestas oito semanas o treinamento é só seu. Mais adiante poderá debater sua prática com seus amigos, familiares, mestres e terapeutas, mas primeiro consiga o que debater. Por enquanto seu confidente é seu caderno. Trate-o com carinho, não o abandone, mesmo que lhe dê algum trabalho.

Já são duas semanas de silêncio interior. Provavelmente você estará falando menos também, o que terá dado certo repouso para você e para quem convive com você. A esse propósito, dizem os mestres zen que, quando você medita em silêncio, pelo menos durante esse tempo de meditação você não fala nem faz nenhuma besteira. Isso já ajuda, dizem eles. Bom, fora de brincadeira: nas duas últimas semanas você tem ajudado o mundo a ser um lugar um pouco mais agradável de viver para todos nós. Isso compensa o seu esforço, não?

Muitos de nós, quando vamos a um retiro zen, nos assustamos com a regra do silêncio, entre outros sustos. Mas após um certo tempo, perdemos a vontade de falar e até estranhamos a volta ao mundo habitual, após o retiro. Dogen Zenji, o introdutor da tradição que praticamos no Japão, no século XIII, dizia que retirar-se do mundo não era necessariamente recolher-se a um mosteiro, era não deixar os sentimentos das pessoas mundanas estagnarem-se em sua mente. Cada época, cada lugar, faz com que tenhamos que adaptar as condições e contextos da prática. A prática zen formal, tradicional, pode ser adequada para alguns de nós, mas, se ficarmos presos a essa maneira como a única, estaremos fechando a porta da libertação para a grande maioria dos seres nesta era.

Com observação, aceitação e silêncio, vamos criando nosso zendô – salão de prática zen – em nosso próprio ser. E aprendemos a nos retirar, nesse espaço que na verdade é ilimitado, como a respiração que nos une ao mundo onde vivemos. Para o peixe, o oceano é infinito, para o pássaro o céu é infinito, para nós o espaço aberto da mente liberta é infinito, adaptando o dito de Dogen Zenji.

Capítulo 3

Aprendendo a se interromper

Em geral detestamos ser interrompidos em nossas falas. Entretanto, o oposto nem sempre nos preocupa e frequentemente sequer percebemos nosso hábito de interromper os demais.

Agora que começamos a praticar a observação silenciosa de nosso ambiente e de nossa conversa interior, acompanhada da aceitação do que é observado, vamos ampliar nossa capacidade de observação e escuta: vamos procurar não interromper a fala de quem se dirige a nós. Parece fácil? Experimente.

Talvez não interromper a fala alheia seja fácil, com um pouco mais de atenção. Mas o exercício desta semana não se refere apenas ao ato concreto de permitir ao outro que se expresse sem ser interrompido. Aqui vamos nos dispor ***a interromper a nós mesmos***.

Isso significa não permitir que as respostas e comentários interiores atrapalhem. Significa manter a observação voltada inteiramente para o outro. Significa aplicar aos diversos relacionamentos o que aprendeu e começou a praticar nas semanas anteriores em relação a você mesmo, aquela observação silenciosa, sem julgamento ou classificação.

Não parece mais tão fácil. E não é mesmo. Costumamos dar importância excessiva às nossas opiniões, mesmo que aparentemente sejamos humildes, cordatos, modestos. Mas, no nosso mundinho interior, que agitação! Quantos comentários sarcásticos, preconceitos, estereótipos, piadas de mau gosto, *bullying*, ideologias e fanatismos em geral, disfarçados muitas vezes de bom senso ou senso comum... Quanto mais estudamos e acumulamos conhecimentos e erudição, mais críticos da ignorância alheia nos tornamos, mais ácidos somos em nossa avaliação da incompetência dessas pessoas que nos cercam.

O oposto é mais raro, mas às vezes a idealização da sabedoria alheia também atrapalha, na medida em que se estabelece um diálogo permanente, mesmo que concordante, com aquele que nos fala. O importante no terceiro exercício é a disposição de escutar em silêncio interior a fala do que se dirige a você. A qualidade a praticar aqui é a generosidade, a doação do seu tempo e atenção – portanto, daquele período da sua vida – a quem lhe fala, ter a percepção do sagrado no encontro. Trate cada encontro com esse respeito por você e pelo outro. Ofereça seu silêncio nesse lugar sagrado que vocês momentaneamente constroem e compartilham.

Cada encontro é uma oportunidade para compartilhar a respiração, o aquietar-se para se doar ao outro naquele momento que nunca mais se repetirá, para ser plenamente ali e então, assim como você está sendo comigo aqui e agora. Qualquer encontro onde você seja menos do que isso será um encontro frustrado, uma possibilidade de vida que não se cumpriu, um tipo de aborto.

Parece dramático? Tudo bem, às vezes posso exagerar... Mas procure lembrar que não viverá para sempre, que em algum momento soltará seu último suspiro e não voltará a inspirar, que suas respostas na ponta da língua não poderão mais ser atiradas em quem lhe toca, que suas opiniões tão valorizadas estarão ausentes e não farão falta – afinal, quem é insubstituível? Lembre-se disso tudo e procure perceber que ***o momento*** é insubstituível, a ***relação*** que está se dando naquele momento é insubstituível, e o seu ***silêncio*** é que permitirá que o milagre desse encontro se produza.

Esse encontro poderá ser esta leitura, uma palestra, um atendimento, uma missa, uma conversa de bar, um momento de amor... Permita que seu silêncio seja o fermento que fará crescer essa massa de vida. Um fragmento da vida do Buda ilustrará este ponto. Quando reencontrou seus quatro companheiros de vida ascética, que o haviam abandonado após concluírem que ele tinha desistido de buscar a iluminação, já que aceitara comida e tomara um banho, Buda transmitia tal paz de espírito, por sua postura, que logo os quatro se curvaram e procuraram sentar a seu lado para compartilhar do seu silêncio.

Imagine-se convivendo por sete anos com um amigo a quem você considera seu guia espiritual, guia que através de uma dedicação quase fatal à prática de austeridades conquistou seu respeito. Imagine agora que um dia você o vê aceitar um prato de boa comida, tomar um bom banho e parecer satisfeito. Você se decepciona e supõe que seu amigo traiu seus ideais. Abandona-o e decide não mais prestar atenção ao que quer que ele diga, caso se reencontrem. Um dia você o reencontra e sente que algo especial aconteceu. Sente que aquilo que buscavam foi encontrado. Aí você se curva perante seu amigo, toca-lhe os pés e senta em silêncio ao lado dele, gozando do silêncio sagrado daquela experiência. Hum, será possível? Este não seria você, não é mesmo?

Provavelmente você correria para o desperto e começaria a inundá-lo de perguntas: "E aí, como foi essa coisa? Conta para nós... Como é a iluminação? É legal? Como se faz?" E aí faltaria só um repórter para perguntar num estilo íntimo instantâneo como foi o primeiro momento daquela iluminação, ao mesmo tempo em que ele mesmo dá a resposta etc. etc. etc.

Perceba o respeito pelo momento, o respeito pela experiência, a capacidade de compartilhar o silêncio do outro quando esse silêncio é o Silêncio. Estamos falando de quatro pessoas que já praticavam junto a Sidarta havia anos – não devemos exigir de nós mesmos tamanha clareza ou compreensão. O que essa pequena história nos demonstra é que é possível silenciar e simplesmente observar o outro com atenção plena, compartilhando ali e então os seus dons, aquilo que nos oferece naquele momento.

Aceitar ou não essa oferta é outra questão. Dependerá de uma avaliação sua sobre suas necessidades, suas conveniências, as necessidades e conveniências do outro. O exercício 3 objetiva a prática da atenção plena ao discurso e presença do outro. Nesta semana vamos continuar a exercitar nossas capacidades de observação, aceitação e silêncio em relação a nós mesmos e acrescentar o treinamento de voltar essas capacidades em direção ao outro. Não se esqueça de tomar suas notas. O nosso diário deverá testemunhar nossas dificuldades e progressos.

A prática do silêncio da atenção plena é especialmente apropriada para os momentos de relação com alguém que esteja investido de alguma autoridade em relação a você, seja por você mesmo ou pela sociedade. Considere um professor, por exemplo. Se você tiver uma relação de intimidade com ele, tenderá a conhecer as características menos excepcionais dessa figura que deveria ser tão diferente de você. Aí haverá o risco de se manifestar uma reação imediata a qualquer coisa que esse professor fizer ou falar que não combine com aquilo que você consideraria a conduta ou ensinamento corretos. Não pense que sua capacidade de análise e crítica não é importante: apenas primeiramente deve aprender a escutar o ensinamento ou decisão com a mente totalmente aberta, observando como através de sua reação afetiva se manifesta o seu ego.

A posição de quem tem que acatar uma ordem ou diretriz favorece a atuação do crítico silencioso que nos habita. É fácil para nós criticarmos quem assume a profissão impossível de governante, educador, mãe ou pai, quem assume os ônus e bônus dessas posições. Portanto, ofereça antes da sua crítica o seu silêncio interior e verdadeiramente escute. Abstenha-se por uma semana de criticar primeiro e ouvir depois. Essa prática terá um efeito salutar em sua vida.

No outro polo, a posição de quem pode dar uma ordem ou diretriz favorece a atuação do crítico silencioso que nos habita, acrescentando o poder de expressão. Criticar subalternos, alunos e filhos pode ser muito fácil, calar-lhes a boca também. Permita-se ouvi-los em silêncio interior por uma semana. Essa prática terá um efeito salutar em suas vidas.

Se você é um cuidador, essa prática se reveste de mais importância ainda. Eu falava demais, como o meu segundo mestre me dizia, às vezes não conseguia escutar direito meus pacientes, ficava ocupado em tentar ajudá-los, sem atentar para o fato de que muitas vezes só queriam e precisavam ser escutados. No hospital, cuidando de doentes algumas vezes terminais, a importância do silêncio do acompanhante se manifesta claramente. A presença, o toque, o carinho do sorriso compassivo são mais valiosos que mil palavras vazias.

A você que cuida de outros, minha simpatia e um pedido: valorize sua presença e seu trabalho com o seu silêncio. O acolhimento de um abraço sincero será muito mais eficaz que qualquer discurso. A escuta atenta devolve a pacientes, muitas vezes alienados de sua condição humana e identidade por um sistema social iníquo e por um sistema de saúde desumanizado e desumanizante, a possibilidade de se sentirem novamente pessoas e cidadãos, sujeitos de suas vidas.

Capítulo 4

Resistindo à tentação do orgulho

Estamos entrando na quarta semana de nosso treinamento, na metade do tempo que você se comprometeu a dedicar ao trabalho com você mesmo. É o momento adequado para uma das práticas mais trabalhosas. Vamos praticar o silêncio sobre nós mesmos.

Nesta altura dos acontecimentos, você estará feliz com seus sucessos na prática, orgulhoso de estar conseguindo resultados, satisfeito por perceber um efeito concreto na sua vida. Nada mais natural do que compartilhar com os que sofrem junto com você (e muitas vezes por você, ou por causa de você) a sua sensação de alívio, a sua glória momentânea. Faz parte de nossa cultura festejar sem qualquer motivo aparente, quanto mais com um bom motivo.

Pois é. No entanto, o que lhe proponho nesta semana é silenciar sobre você mesmo.

Não se ofenda. Todos somos pessoas muito interessantes. Nossa história e nossas histórias são muito esclarecedoras e extremamente importantes para todos nós. Mas o exercício 4 é abrir mão das oportunidades para falar de si próprio. Tanto na sua conversa interior quanto nos seus relacionamentos desta semana, abstenha-se de acrescentar fragmentos de sua vida e experiências. Silencie sobre sucessos, glórias e fracassos. Renuncie a achar que tem algo interessante a acrescentar. Pratique o oposto. Toda vez que aparecer aquele impulso de acrescentar algo, segure a sua onda. Deixe passar a oportunidade.

Cada oportunidade de falar sobre você e suas coisas será uma oportunidade melhor para ouvir. Resista aos impulsos de se expor, de compartilhar sua vida, seus sentimentos, suas opiniões. Não acrescente ao que ouvir do outro a famosa frase, "pois é, comigo..." ou o conhecido adendo, "uma vez eu estava..." Cuidado com as frases iniciadas por "eu".

Achamos coisas demais, sabemos demais, queremos dar exemplos demais. As intenções são até razoavelmente boas, dar uma sugestão ao outro sobre algo que funcionou para você, mostrar-se receptivo ao problema que o outro lhe traz... mas a prática desta semana é evitar acrescentar o "eu" àquele outro que se manifesta. Seja receptivo com seu silêncio.

Praticando o exercício 3, ofereça sua presença respeitosa. Nesse momento, esta prática é mais importante do que qualquer sugestão que você possa dar ou ilustração que queira acrescentar. Anote as vezes em que desejou falar de si mesmo, falar de sua história. Leia na semana seguinte e pense como foi mais importante ouvir do que falar.

Lembre-se de que estamos em um programa de treinamento. Cada semana tem uma prática específica, que deverá ser acrescentada às demais. Ao final das oito semanas teremos completado o programa e você estará praticando tudo simultaneamente. Por enquanto sua prática é necessariamente incompleta, não se preocupe com isto. Sei que às vezes temos de aconselhar, falar – não estou falando com você neste momento?

Os exercícios, como tudo mais aliás, não são verdades eternas nem exclusivas. São passos que manifestam um caminho. Caminhos não existem, são criados momentaneamente por seus passos, suas escolhas. Não têm essência, são momentos existentes. Seguir um caminho é uma imagem poética, mas não caia na armadilha de materializar alguma estrada já percorrida como seu caminho. Não se pode viajar uma viagem já viajada por outrem. Seu caderninho é seu diário de viagem. Dessa viagem que é só sua.

Nesta semana, portanto, deixe o silêncio da sua história pessoal se manifestar. Haverá hora e lugar para compartilhar suas histórias no futuro. Agora é hora de quebrar antigos hábitos, maneiras antigas de viver que trazem sofrimento e infelicidade. Este é o exercício 4. Visa quebrar ou pelo menos trincar a couraça do orgulho e da arrogância, que tantas vezes nos separou irremediavelmente de nossos companheiros construtores de caminhos. No zen dizemos: menos drama, mais darma.

Dê uma oportunidade para o novo na sua vida. Permita que uma leveza se instale na manifestação de seu ser. Inspire e expire com suavidade, inspire e expire ao oferecer sua presença silenciosa para o seu companheiro de encontro.

Aos poucos você certamente perceberá como a prática do exercício 4 torna mais fácil relacionar-se com seus semelhantes. É mais importante ouvir e acolher que dar lições através da sua história. Sua conduta correta, suas escolhas e atitudes serão muito mais educativas que suas palavras. Sua paz de espírito, compartilhada no momento do encontro, será muito mais persuasiva que quaisquer argumentos que sua criatividade sem limites possa gerar.

Capítulo 5

O silêncio do cotidiano

Nesta quinta semana de nosso treinamento vamos procurar encontrar o silêncio em cada momento do nosso cotidiano. Mais uma vez chamo a sua atenção para o fato de que estamos em um programa planejado para provocar mudanças reais em nossas vidas, através da modificação de nossos hábitos mentais. Sendo assim, durante essas oito semanas estaremos às vezes reforçando determinadas práticas – a ideia é que essas práticas possam ser em alguma medida verdadeiramente incorporadas aos nossos padrões de comportamento, inaugurando novos hábitos que serão sedimentados pela prática posterior, menos intensa que a da semana de introdução. Você tem praticado os quatro exercícios anteriores constantemente, embora sem a intensidade da semana inicial de cada exercício. Portanto, nesta semana vamos buscar o silêncio em cada passo de nossas atividades.

O exercício 5 objetiva estimular o que chamamos de atenção plena. Quando você estiver cozinhando, permaneça em silêncio – sem música, TV, conversa ou leitura (bem, talvez você possa ler uma receita neste caso específico, caso isso seja necessário pelo bem da refeição) –, atento a cada passo do preparo do alimento. Isso pode ter começado ao comprar os ingredientes no mercado, escolhendo-os com delicadeza e consciência, pensando sobre os efeitos daquele alimento para você e quem mais se alimentar junto com você. Pense com gratidão também nos inúmeros seres que deram suas vidas e trabalhos para que possamos comer, como dizemos numa pequena prece zen recitada antes de cada refeição.

Cozinhe sem pressa, no tempo justo, consciente de cada ação. Arrume sua mesa com simplicidade e precisão. Reserve um tempo para se alimentar em silêncio, prestando atenção ao que come, evitando comer automaticamente. Não converse durante a refeição. Seria legal você explicar a quem costuma compartilhar as suas refeições que durante esta semana você estará praticando o silêncio, que isso faz parte de um programa de treinamento da sua mente e que você pediria a colaboração e compreensão para a aparente maluquice. Isso vai ajudar os que lhe cercam a não ficarem preocupados demais com você.

Procure lavar a louça, continuando a sua prática, mesmo que seja seu hábito deixar a louça para outros lavarem. Conscientize-se do processo da limpeza, observe o ciclo de sujar/limpar, a eterna alternância de estados. A vida é um processo constante de produzir sujeira e limpá-la, até o dia em que mesmo nós viramos um tipo de resíduo e também somos reciclados. A cada refeição renovamos o mistério da vida e da morte, alimentando-nos de outros seres que deram suas vidas para que nós continuássemos vivos. Apenas o silêncio nos permite compartilhar com o respeito necessário esse momento de doação, que devemos agradecer silenciosamente em nossos corações.

Ao mesmo tempo, o silêncio nos permite observar o quanto estamos comendo, ajudando-nos a evitar os excessos alimentares. Frequentemente engordamos por não prestarmos atenção ao que comemos. Nosso caderninho pode ser muito útil para termos um registro de nossa alimentação nesta semana. O objetivo do exercício 5 é facilitar a prática da atenção plena em qualquer atividade cotidiana, mas o controle de dietas é um efeito colateral benéfico...

Fique em silêncio durante suas atividades de higiene e conscientize-se de quanta água está gastando. A água potável é um bem cada vez mais raro neste mundo. Use-a com atenção plena, agradecendo a possibilidade de tê-la à vontade neste momento.

Lembre-se: nesta semana você deve renunciar às companhias habituais de celulares, iTudo, rádios, CDs, TV's e congêneres, o mundo das telas que nos distraem das nossas angústias. Silêncio nesta semana deve ser dentro e fora. No começo pode ser esquisito, aos poucos você poderá perceber que paz de espírito pode ser construída com hábitos de nutrição saudáveis. Nutrição física, nutrição mental, nutrição espiritual. Muita porcaria entra em sua mente pela mídia. Uma semana de silêncio poderá lhe ajudar a selecionar o que lhe faz bem, a identificar o que lhe traz intranquilidade e tensão.

Muitas vezes deixamos que os meios de comunicação nos digam coisas ou apresentem imagens que não toleraríamos, caso oriundas de outra pessoa em carne e osso. Será que isso é um hábito saudável? Será que não ficamos apenas cada vez mais passivos e deixamos que outros selecionem o que devemos ou não devemos ver? Nossa falta de seletividade termina por permitir que má nutrição mental polua nossos corações e os de nossos familiares e amigos. Nossa atenção plena, em vez de nos deixar passivos, tornará possível uma verdadeira postura ativa em nosso grupo social.

Arrume sua casa, faça seu trabalho, tudo isso em silêncio e com plena consciência do que estiver fazendo. Se seu trabalho requerer fala, faça-o seguindo as instruções do exercício 6 (próximo capítulo).

Lembre-se do que estamos praticando desde o começo: observação, aceitação, abstinência daquelas posturas críticas e arrogantes habituais. Nosso silêncio não deve ser praticado como uma forma de superioridade ou de mostrar desprezo pelos outros. Não se utilize do silêncio para magoar ou castigar os outros. Nosso silêncio é compassivo, não ressentido. Durante qualquer ponto do treinamento, tenha em mente que fazemos isto para atingir outro patamar de existência, não para prejudicar os que nos cercam. Cuidado com o orgulho. Muitas vezes toma a forma de uma sutil sensação de superioridade espiritual misturada com certo desprezo pela humanidade, tóxico discreto que envenena seu dia a dia. Cuidado. A compaixão deve temperar sua prática.

Capítulo 6

O silêncio do desnecessário

O sexto exercício em nosso programa visa a prática da busca do que é prioritário e essencial na sua vida. Nesta semana vamos silenciar toda fala desnecessária, deixar de "jogar conversa fora". Sua fala, quando ocorrer, deverá transmitir algum conteúdo realmente necessário, deverá ser composta de palavras "cheias", não de palavras "vazias".

Às vezes vivemos situações em que jogar conversa fora ou emitir algum comentário inconsequente pode ser necessário: quando existe um silêncio pesado, carregado de animosidade, hostil, paranoico, um comentário leve pode abrir uma porta para a delicadeza, para o carinho, para o acolhimento. Entretanto, tirando essas situações específicas, as palavras inconsequentes só servem para preencher um espaço vazio que, outrossim, virará espaço de angústia. É importante aprender que a angústia é a experiência da condição humana, algo que não podemos eliminar, mas com que podemos aprender a conviver, retirando o sinal negativo que nela colocamos.

Permita que esse silêncio se instale e aprenda a compartilhá-lo, tolerando a angústia inicial. Nem sempre precisamos falar para estar na companhia uns dos outros. Muitas vezes até falamos para não estarmos de verdade naquele encontro: falamos para nós mesmos, para nossos fantasmas. Experimente esse silêncio da desnecessidade de falar, inspire e expire na tranquilidade e na paz dessa companhia com quem podemos estar sem nada ter que fazer, nada ter que provar. Simplesmente estar.

Se você puder, lembre-se de registrar os momentos em que percebeu o impulso de falar à toa e pôde renunciar a essa fala. Mais uma vez, estará construindo um belo retrato de seus padrões antigos e da possibilidade de ser diferente. O silêncio do desnecessário poderá se estender às suas atitudes, seus gestos, suas iniciativas. Aproveite a prática da identificação do que é realmente necessário para deixar mais claras para você suas metas e prioridades, seu projeto de vida.

Johann Sebastian Bach demorou a ser reconhecido como um gênio da música, o que só ocorreu após a sua morte. Dedicou-se com fervor à sua música, vivendo plenamente seu dom. Dizia que não fazia nada demais, apenas deixava as notas certas serem tocadas no momento certo. E a música se fazia, se manifestava. Ele era um canal para a expressão dessa beleza.

Todos nós sabemos que, quando fazemos algo com precisão e leveza, temos a sensação de que a coisa se fez por si mesma, que algo se deu como que por milagre. Parece que não atrapalhamos a realização do dom. Artistas, praticantes de artes marciais, cirurgiões, todos os que praticam algum ofício ou arte sabem do que estou falando.

Quando estabelecemos com clareza nossas metas na vida, elas se tornam um caminho, uma aspiração. Não há expectativa de resultado, já que o futuro não nos pertence. Visualizamos nossa meta e deixamos as notas certas serem tocadas no momento certo. Procuramos não ser ativos demais, fazemos o necessário. Quando o Buda estava meditando em busca da iluminação, percebeu algo que expressou através de uma comparação: se a corda do alaúde estiver muito esticada, arrebentará ao ser dedilhada pelo músico; se estiver frouxa, não produzirá o som adequado. Esse é o Caminho do Meio, expresso no ocidente pela máxima "no meio está a virtude".

O silêncio da desnecessidade é o silêncio dos impulsos, das reações automáticas. Buscamos não fazer qualquer coisa apenas por fazer, sem refletir. Desde levantar e escovar os dentes com consciência até realizar qualquer ação mais complexa em nossa atividade profissional. Associamos mais uma vez esta prática, que chamamos de exercício 6, à respiração. Inspire e expire enquanto observa e reflete sobre seu impulso, verificando se deve ser transformado em ação consciente. Deixe a respiração respirá-lo, percebendo o quão arrogante é dizer "eu respiro". A respiração começa e termina, demarcando o tempo de nossa vida, de forma misteriosa e incontrolável. Somos respirados pelo mistério. Flua como a respiração, que se adapta a cada momento.

Se você pratica algum esporte ou ginástica, já deve ter percebido como o silêncio é importante para que se alcance um grau adequado de efeitos da prática. Se for uma arte marcial, saberá como o silêncio interior permitirá a manifestação do movimento adequado no tempo correto. Nesta semana procuramos nada acrescentar ao necessário. Os movimentos, as atitudes, as falas serão limpas, diretas, sem supérfluos.

Procure manter sua prática leve, sem estressar seus semelhantes. Caso estranhem sua mudança, tenha a delicadeza de informá-los de que está fazendo um exercício terapêutico, uma prática de transformação de hábitos mentais negativos. Tenha paciência com os que demonstrarem impaciência ou menosprezo pelo seu esforço, afinal ninguém tem a obrigação de lhe parabenizar por você querer viver melhor. Relaxe e tenha tolerância com quem não demonstrar tolerância com você. Lembre-se de não se achar melhor que ninguém: você também já menosprezou esforços alheios.

Procure fazer seus exercícios de um jeito tão natural e discreto que explicações se tornem desnecessárias. Não pareça um sofredor ou um penitente, nem um asceta ou mestre espiritual. Entenda que sua motivação é sofrer menos, não mais. O exercício pode parecer difícil, mas em pouco tempo você perceberá que sua vida está ficando mais leve, mais tranquila. Acredite em você.

Capítulo 7

O silêncio do futuro

Existe uma superstição em nosso meio que nos aconselha a não ficar falando de nossos sonhos e intenções aos quatro ventos, já que algum "mau-olhado" poderia estragar nossos planos. Nosso sétimo exercício nos propõe exatamente este tipo de silêncio. Sua origem, entretanto, não é a superstição ou a paranoia.

Trata-se aqui de não gastarmos nossos breves momentos de vida falando sobre nossos projetos, mas sim dedicarmo-nos à sua execução. O momento de falar sobre um projeto é o de compartilhá-lo com quem pode ou precisa colaborar para sua realização. Falar apenas como substituto para a ação é estéril e muitas vezes realmente atrapalha a consecução dos objetivos, já que passamos a nos satisfazer com os devaneios desse vir a ser que jamais se atualiza no real.

Falar compulsivamente sobre o futuro é tão pernicioso quanto falar compulsivamente sobre o passado. Ambos são formas de não viver o momento presente, com suas dificuldades e frustrações. Você já pratica o silêncio da sua história pessoal. Agora deve praticar o silêncio do seu futuro, o silêncio dos seus planos. Nesta semana você estará quebrando o hábito de falar sobre o futuro ao invés de construí-lo passo a passo no presente.

Não se afaste de você mesmo. Encarar sua vida neste momento é o que pode permitir a realização de quaisquer sonhos. A sua prática terá o poder de atrair ajuda, muito mais que suas palavras. As palavras cheias são importantes, mas para enchê-las é necessário o recheio da ação. Neste exercício 7 você deve refrear seu entusiasmo verbal e praticar o entusiasmo da ação construtiva.

Na prática deste exercício refinamos o conhecimento de nosso projeto pessoal. Avaliando nossas ações dentro do que aprendemos no exercício 6, decidimos e escolhemos o que é necessário fazer, considerando nossa escala de prioridades. Pensamentos e falas supérfluas nos distanciam de nosso projeto de vida. Integrando os exercícios anteriores, dedicamo-nos a substituir a algazarra sobre nossos projetos e sonhos pelas ações adequadas que mais uma vez construirão passo a passo nossas vidas.

As pessoas bem sucedidas são as que tratam com essa seriedade de vida ou morte cada instante de suas vidas. Sabem que a existência humana é precária, que somos seres frágeis, que a diferença entre vida e morte está em um segundo. Um monge vivia em um templo na China antiga, em época de guerra civil. Um dia um general famoso por sua crueldade se aproximou da cidade onde ficava a colina do templo. Todos fugiram, à exceção do monge, que permaneceu em zazen. Quando o general soube do fato, entrou no templo e gritou com o monge, espada desembainhada: "Sabe quem sou eu? Posso matá-lo neste instante!" O monge respondeu: "Sabe quem sou eu? Posso permanecer quieto enquanto você me mata!"

Como vivemos em um mundo de mídia, temos a impressão de que a vida é um espetáculo a ser assistido. Os atores são os outros, os que admiramos e invejamos, ou às vezes desprezamos, por serem os que tomam decisões, fazem escolhas, pagam seus preços, provocam mudanças. Não se iluda. Sua imobilidade e discursos bonitos ou reclamações virulentas são também escolhas. Escolhas de estagnação, não de circulação de vida. Se você não faz e só fala, seus frutos serão só falas, do mesmo modo.

Você pode fazer diferença e não precisa ser o Dalai Lama ou Madre Teresa de Calcutá. A diferença começa em casa. Se cada um de nós fizer essa pequena diferença, que maravilha viver! No filme *Confissões de Schmidt*, o personagem título, vivido por Jack Nicholson, faz uma viagem interna-externa para descobrir que um pequeno gesto pode fazer a diferença. Como queremos ser os protagonistas, perdemos a noção da importância dos atores secundários. É o problema dos quinze minutos de fama, dos Big Brothers da vida, resumo e idolatria do que há de pior em nossa cultura, inclusive com justificativas de assim chamados intelectuais, formadores de opinião. O lixo que cada um de nós deixa de recolher ao local adequado torna-se parte daquele lixo em que nossa cidade se torna. O lixo a que cada um de nós assiste na TV torna-se o espírito de nossa época.

Capítulo 8

O grande silêncio

Finalmente o último exercício; você conseguiu chegar à oitava semana de nosso programa de treinamento. Atenção: se você tem a mania de ler o final do livro antes do resto, não vale ler o último capítulo sem praticar os demais. Não adiantará nada, já que o exercício 8 é uma combinação de todas as práticas anteriores.

Portanto, vá para o início, por favor, se você ainda não começou nosso programa.

Talvez esta página devesse estar em branco. Talvez este livro não devesse ter sido escrito nem lido. Entretanto, a condição do aprendizado nos nossos dias requer este tipo de transmissão. Aprendi a aceitar este fato.

Nesta semana pratique o silêncio da aspiração. Utilizando todos os exercícios anteriores, quando indicado, pratique também a possibilidade de não querer chegar a nada, de não querer sequer atingir o bem-estar. Simplesmente inspire e expire, mantenha o silêncio, habite na calma e espaço aberto daquela pequenina pausa entre a expiração e a próxima inspiração.

Shunryu Suzuki, um verdadeiro grande mestre zen, falecido em 1972, dizia que, se cuidássemos de nossa expiração como quem cuida de um bebê, dificilmente ficaríamos zangados. A raiva vem acompanhada da retenção do ar, da inspiração contínua, do acúmulo de ar nos pulmões. Solte o ar. Desapegue-se desse ar viciado. Deixe fluir. Não segure a expiração. Deixe-a sair com calma, sem forçar. Enquanto respira, preste atenção na região que fica quatro dedos abaixo do seu umbigo, no centro do corpo, próximo à coluna vertebral. Deixe o peso descer da nuca e das costas para essa região. Chama-se ***hara*** em japonês, é o centro da nossa postura de zazen e um dos centros de reserva de nossa energia vital na medicina budista. Comece a praticar centrar sua postura não na cabeça nem no coração, mas no hara.

O grande silêncio é a possibilidade de simplesmente ser. Existir sem qualquer qualificativo. Experimente essa possibilidade por alguns momentos, todos os dias desta semana. Anote suas impressões sobre o programa como um todo, observe as modificações em seus hábitos nas últimas sete semanas, verifique se valeu a pena tentar essas práticas.

Caso considere que essas práticas têm trazido melhora para sua vida, continue utilizando-as e burilando seu silêncio. Caso considere-as inúteis, esqueça-as e tente aproveitar alguma coisa dessa leitura ou pelo menos do seu caderninho. Lembre-se de que só a prática constante poderá trazer mudanças estáveis. Buscar um local onde possa praticar algum tipo de meditação poderá ser muito útil para esse fim.

Através destas palavras procurei compartilhar com você o que meus professores tiveram a compaixão de tentar me ensinar. Ensinar o silêncio na verdade é estimular o aluno a recuperar o conhecimento sobre si mesmo que está acessível nesse lugar de quietude e paz dentro dele. Peço desculpas se eventualmente não consegui lhe explicar ou esclarecer. Que essas palavras possam ter sido de utilidade para você e para todos os seres.

Aqui começa verdadeiramente seu programa de treinamento. Quantas semanas ele durará ninguém sabe. Lembre-se, entretanto, de que nosso tempo é limitado. Em Eininji, nosso templo zen, atualmente virtual (www.eininji.org), costumamos cantar os Quatro Votos dos Bodhisattvas ao término da fala do darma, um tipo de palestra que é feita e escutada em estado meditativo. Assim recitamos:

As criações são inumeráveis, faço o voto de libertá-las.
As ilusões são inexauríveis, faço o voto de transformá-las.
A realidade é ilimitada, faço o voto de percebê-la.
O caminho do despertar é insuperável, faço o voto de corporificá-lo.

E o jikido, o responsável pelo sino que marca os tempos do zazen, completa nossa recitação dizendo:

Deixe-me respeitosamente lembrá-lo: a questão da vida e morte é de importância suprema. O tempo passa e a oportunidade é perdida: vamos despertar, despertar, preste atenção!
Não desperdice a sua vida.

Desejo que você possa usar todos os ingredientes de sua vida, que sua prática possa levá-lo à realização da liberdade que é seu dom de nascença, e que você possa ser, como disse Shantideva, professor budista do século VIII na Índia, uma ponte para os que necessitam atravessar para o outro lado, uma luz para os que estão na escuridão, um remédio para os doentes... enfim, um ser humano realizando seu potencial integral.

Caso você deseje ser apresentado a nossas formas mais específicas de prática, ou conhecer um pouco mais dos fundamentos do budismo Zen praticado em nossa sanga, é só seguir adiante para a segunda parte deste livro.

PARTE 2

Construindo uma prática

Capítulo 9

Fundamentos para a prática do darma

Preâmbulo

Os que praticam o caminho espiritual vivencial ensinado inicialmente pelo Buda Shakyamuni o chamam de "prática", "darma", ou pelo nome das diversas escolas que o propagaram nos países asiáticos, desde sua fundação em meados do século VI a.C., no que hoje é o norte da Índia e Nepal, até os dias de hoje, quando ocorre sua disseminação pelos outros continentes. "Budismo" é a denominação ocidental corrente, que dá uma ideia (errônea) de religião, de uniformidade de práticas e de rituais. Os budistas se distribuem entre ateus, agnósticos, devotos de vários deuses, inclusive do credo cristão, xamânicos e tudo o mais que se abriga nos vastos campos da espiritualidade e da religião.

Perdoem os detalhes pessoais a seguir, mas o antropólogo em mim tem exigências de rigor, que me dizem para deixar claro minhas sobredeterminações. Portanto, de onde falo: nascido e criado no Rio de Janeiro, pai sacerdote umbandista filho de imigrantes, mãe católica nordestina, médico psiquiatra formado na UFRJ, psicanalista, antropólogo e sacedorte zen, com treinamento no Japão, Estados Unidos e Brasil. Iniciado no candomblé e umbanda, filho de Xangô e Omolu, além de outros enredos.

Pronto, já dá para me localizar e tentar me encaixar em alguma identidade, já posso ser um outro autorizado para você que me escuta. Nós budistas nos definimos mais pelas escolas de nossos professores, porque nossa formação artesanal pressupõe a relação professor-aluno constante. O zen é uma tradição que surgiu na China (chan) em meados do séc. VI d.C, disseminando-se depois para a Coreia (son), Vietnam (thien) e Japão (zen – século XIII d.C), de onde veio para o Ocidente a partir do início do século XX. Tem esse nome porque sua prática principal é a meditação sentada, zazen. É a escola de prática onde aprendo.

Uma das escolas anteriores ao zen, que forneceu alguns de seus fundamentos, é a chamada Escola da Mente Apenas, que seria comparável em alguns aspectos teóricos ao que nós chamamos de psicologia no ocidente. Seus praticantes estudaram os aspectos da manifestação da mente, criando um sistema de classificação complexo e abrangente (imagine uma psicologia com mais de dois mil anos de acúmulo de experiências e debates). Não é nosso propósito estudar esse sistema mas, para melhor compreensão do que será exposto mais adiante, cabe mostrar um esquema supersimplificado de como essa escola vê a mente e a prática, sem relacioná-lo com as experiências meditativas que lhe deram origem.

Esquema
As 8 consciências:

6 consciências dos sentidos – consciências da visão, da audição, do olfato, do tato, do paladar e da mente, com seus respectivos objetos;

1 consciência do si-mesmo (chamada *manas vijnana* em sânscrito), individual (equivalente ao que denominamos personalidade, ou eu (inclui todas as instâncias psicanalíticas freudianas);

1 consciência de depósito (*alaya vijnana*).

O esquema usa a metáfora do mar e das ondas, ondas individuais (6 consciências), mar profundo (*alaya*) e zona de transição (*manas*).

Assim, o indivíduo existe como aparência, existência, mas não como essência, alma individual. ***Alaya*** é onde se depositam as vivências como resíduo que cai e de onde sobem as sementes que desabrocham nas ondas. Está ligada ao chamado "útero dos budas", aquilo que está mais além da dualidade absoluto/relativo, o mistério. "Tudo que existe, sem tirar nem por, é exatamente a natureza búdica." A prática visa permitir que a natureza búdica desperta possa se manifestar cada vez mais livremente, deixando seu perfume na onda individual.

Desenvolvimentos da psicologia budista no zen conforme praticado por Dogen

Escrevendo na primeira metade do século XIII, o mestre Zen Dogen, fundador da tradição Soto no Japão, considerado hoje como um dos principais filósofos e escritores clássicos japoneses, observou as deficiências da sociedade humana na qual vivia e prescreveu como antídoto o esquecimento do si-mesmo (*shinjin datsuraku*, "deixar cair corpo e mente"). O processo de esquecimento do si-mesmo envolve um paradoxo que contém implicações muito interessantes para a sociedade humana: é o de que é simultaneamente um processo de inclusão de mais e mais da experiência como "si-mesmo", e que tal processo no indivíduo promove uma humanidade **intensificada**, não uma humanidade enfraquecida. A injunção budista de "esquecer o si-mesmo" pode, portanto, ser vista como uma injunção para nos tornarmos mais humanos, com todas as implicações que isso traz para a vida no mundo.

A visão budista do que é um si-mesmo autenticamente humano implica não em uma necessidade de maior autoafirmação como indivíduos ou como membros da espécie humana, mas sim na necessidade de diminuição dessas atitudes. A verdadeira qualidade de ser humano é realizável com a transcendência do si-mesmo, ou com o "esquecimento do si-mesmo", como Dogen o denominou. Isto significa simplesmente que, da perspectiva budista, o ser humano será o seu melhor quando tiver esquecido do si-mesmo, e "ser o seu melhor" significa *o melhor como um ser humano*, na medida em que o esquecimento de si-mesmo acontece na moldura da condição humana. Consequentemente, o homem pode alcançar sua mais completa condição de ser humano no processo de esquecer-se do si-mesmo, mas o paradoxo é que ele só pode alcançar este potencial se transcender aquilo que ele habitualmente afirma ser a essência de sua condição humana. O que significa realizar a completude da condição humana através da transcendência da condição humana, e qual é a expressão ativa desta realização no mundo?

As duas ideias, intimamente relacionadas, do si-mesmo autêntico e da participação ativa desse si-mesmo no mundo, como encontradas nos escritos de Dogen, servem como críticas às atitudes, suposições e ações arrogantes que ainda caracterizam o século XXI. Duas passagens do *Shobogenzo Genjo-koan* (o *Shobogenzo* é a principal obra de Dogen) servirão de base para os comentários que quero fazer, utilizando o artigo "*Dogen's View of Authentic Selfhood and Its Socio-ethical Implications*", de Francis H. Cook, como referência fundamental neste campo de estudo.

Projetar o si-mesmo sobre a miríade de seres para autenticá-los é ilusão;
A miríade de coisas avançando para autenticar o si-mesmo é iluminação.

Estudar o caminho do Buda é estudar o si-mesmo;
Estudar o si-mesmo é esquecer o si-mesmo;
Esquecer o si-mesmo é ser autenticado pela miríade de coisas.

Estas linhas dizem respeito à diferença entre ilusão e iluminação. Mas estas linhas também podem ser lidas – e é a mesma coisa – como definindo a diferença entre natureza do si-mesmo autêntico e natureza do si-mesmo inautêntico. Para Dogen, a natureza do si-mesmo inautêntico se origina da tendência humana a impor padrões de pensamento, categorias e conceitos sobre a experiência a fim de manipulá-la. Compreender que o si-mesmo se projeta a si mesmo sobre a experiência e impõe-lhe significado é compreender de fato que ele é um si-mesmo inautêntico. Por outro lado, na segunda linha é dito que a experiência (miríade de coisas) avança para autenticar o si-mesmo. Aqui o si-mesmo não está ativamente envolvido no processo experiencial da maneira que está na linha prévia. Ele não se projeta sobre a experiência nem carrega a experiência para dentro de si, são as coisas-eventos que avançam por si mesmas, e este processo constitui a iluminação ou a autenticação do si-mesmo. A natureza do si-mesmo autêntico resulta das coisas constituindo o si-mesmo, enquanto a natureza do si-mesmo inautêntico resulta da projeção do próprio si-mesmo sobre as coisas. A natureza do si-mesmo autêntico é tornada autêntica pela miríade de coisas no primeiro caso, enquanto que no segundo caso a natureza do si-mesmo inautêntico resulta da tentativa do si-mesmo de autenticar a experiência, ou de dar a ela significado, através de seu próprio agenciamento.

O que é este si-mesmo que manifesta a inautenticidade ao impor significado sobre a experiência e que é o alvo da crítica budista? Seria aquela função da mente humana que se orienta primariamente para sua própria gratificação e proteção, às expensas daquilo que é interpretado como "o outro". Ao mesmo tempo, é aquilo que o indivíduo detecta no ato de introspecção, o que costumamos chamar de "eu". Do ponto de vista de Dogen, tal si-mesmo é também mais abstrato que concreto, porque enquanto o si-mesmo concreto é de fato apenas a imediatez da experiência, o si-mesmo abstrato é abstrato porque surge e se constitui a partir da memória do si-mesmo de experiências concretas passadas. É, consequentemente, uma imagem construída a partir da memória e é bastante abstrata. Na literatura escolástica anterior a Dogen, esta situação é discutida em termos de uma clivagem na consciência ou mente, a partir da qual a unidade original da consciência torna-se bifurcada e passa a tomar a forma da mente como sujeito e da mente como seu próprio objeto. A mente como objeto de si mesma é abstrata porque a mente como sujeito verdadeiro não consegue nunca alcançar a si própria na sua forma de experiência concreta, vibrante, viva. Só pode capturar uma imagem passada de si mesma na forma de memória, e assim há um dito no budismo: "uma faca não pode cortar a si mesma."

Os termos "mente" e "si-mesmo" foram usados acima como sinônimos porque "si-mesmo" é apenas a própria autoimagem da mente. Isto é, a mente em sua forma bifurcada passa a pensar em si mesma como um "si-mesmo", um si-mesmo definido como possuindo as características de unidade, singularidade, persistência através do tempo como idêntico a si mesmo e, talvez, até, de permanência. O que é desafiador no budismo, particularmente na versão de Dogen, é o reconhecimento desta função da consciência humana, juntamente com os seus efeitos nas sociedades humanas e não humanas. Esta função constitui o problema da ilusão, mas há mais que ilusão. Na sua análise do problema humano, o budismo encontrou três qualidades da mente – os chamados "três venenos" – que geram todos os problemas. A qualidade fundamental é a ilusão, como demonstrado na fórmula tradicional da "originação dependente com doze elos". As outras duas são o desejo compulsivo ("sede") e o ódio. Para compreender a natureza da mente-si-mesmo e por que ela cria seu próprio sofrimento, é necessário primeiro perguntar por que é que a bifurcação da mente em mente como sujeito e mente como seu próprio objeto chega a dar nascimento aos profundos desejo compulsivo e ódio que o budismo considera como sendo as características mesmas da natureza do si-mesmo inautêntico e a fonte de todos os problemas humanos.

O budismo comumente para sua análise da situação humana com a conclusão de que o problema de raiz é a ignorância ou o desejo compulsivo. Entretanto, existem evidências abundantes na literatura budista, e especialmente no Shobogenzo, indicando que desde o começo havia uma nítida consciência de uma *ansiedade* profundamente enraizada que se expressa na forma de desejo compulsivo e ódio. Desejo compulsivo e ódio estão enraizados no medo da impermanência e da morte, e na insegurança que a tudo impregna e que emana desse medo.

Das quatro nobres tarefas deixadas pelo Buda como caminho para o praticante, a primeira é aceitar e acolher *duhkha*, que é uma inquietude ou tumulto cheio de ansiedade, e que é considerada como a condição humana universal. Medo e insegurança diante da impermanência e da morte não somente impelem o indivíduo a buscar um meio de lidar com o problema, como o fizeram com o próprio Shakyamuni, como são também a forma de expressão do si-mesmo inautêntico, que podemos chamar de eu ou pequeno si-mesmo, sempre definido em oposição a um outro.

Em suma, o si-mesmo inautêntico é o si-mesmo obcecado com o medo por sua própria sobrevivência e persistência, e a natureza do si-mesmo autêntico é aquela do si-mesmo que se libertou do apego à vida e do medo da morte. Ou, em outras palavras, a mudança de uma natureza de si-mesmo inautêntico para autêntico é a mudança do medo para a confiança, tendo em vista o problema da vida e da morte. No *Shobogenzo shoji*, por exemplo, Dogen diz que a natureza do si-mesmo autêntico – ali chamada de "iluminação" – consiste em parar de temer e odiar o processo de vida e morte e em buscar pela autenticidade separado dele: "Você somente alcança a mente de Buda quando não há ódio [da vida e morte] e nenhum desejo [do nirvana]." Mais ainda: "Há um caminho muito fácil para o Buda. Aqueles que não criam vários males; aqueles que não se apegam à vida e morte; ... aqueles que não negam as coisas nem as buscam; ... eles são chamados de Buda."

A inautenticidade resulta da incapacidade da mente-si-mesmo compreender sua própria natureza impermanente e subsequentemente viver criativamente e satisfeita no mundo nesse conhecimento de si mesma. Assim, o problema raiz é a ignorância, na forma da crença de que se é um si-mesmo, mas os problemas pessoais e sociais cotidianos concretos de tal si-mesmo surgem quando, a partir de um medo carregado de ansiedade pela sua própria sobrevivência, ele passa a ter desejo compulsivo de coisas que aparentemente irão protegê-lo e atenuar sua angústia, e a odiar aquelas coisas e seres que pareçam ameaçá-lo.

O si-mesmo inautêntico, portanto, é a mente obcecada com a sua própria sobrevivência a qualquer custo. Daí a ilusão, na primeira passagem do *Genjo-koan*, ser definida em termos do si-mesmo sendo projetado sobre a experiência objetiva; a experiência nunca é impessoal e abstrata, mas sempre preferencialmente interpretada em termos das necessidades do si-mesmo preocupado com sua própria sobrevivência. A mente exibe constantemente as cores do ódio e da compulsão porque qualquer evento é percebido ou como benéfico ou como prejudicial ao si-mesmo. Mais ainda, penetrado por esta profunda ansiedade, o si-mesmo vê a diferença entre si-mesmo e não-si-mesmo – definido como o outro – como axiomática e de suprema importância. Indivíduos e populações inteiras – humanas e não humanas – são destruídos para salvaguardar o si-mesmo medroso e inseguro, assim como também uma vasta gama de sistemas metafísicos, mitos, "ismos" e religiões são construídos e defendidos até a morte a fim de consolar e proteger mentes que estão primariamente voltadas para suas próprias realidades, importância e sobrevivência. Como Nagarjuna argumentou no séc. II, e Dogen continuou a insistir no séc. XIII, todos os pontos de vista e ideologias surgem a partir do si-mesmo inautêntico e por sua vez o nutrem, devendo por isso ser abandonados – e isso não exclui o próprio budismo. Um dos maiores desafios apresentados por Dogen está na exigência de que reconheçamos a possibilidade de que tudo que acreditamos como dotado de vasta e absoluta significância não seja mais do que uma projeção de mentes que resistem à morte e ao desaparecimento até o momento derradeiro.

Se o que está descrito acima é a natureza do si-mesmo inautêntico, então o que é o si-mesmo autêntico? A segunda linha do *Genjo-koan* diz que, quando o si-mesmo é autenticado pela miríade de coisas, isto é a iluminação. É necessário frisar primeiro que não existem dois si-mesmos, um inautêntico e um autêntico. A questão é se o si-mesmo como um centro da experiência da subjetividade funciona autenticamente ou não. Em termos da clivagem sujeito-objeto ocorrendo na consciência como anteriormente mencionado, a natureza do si-mesmo autêntico resulta da restauração da unidade original. Em termos usados no *Genjo-koan*, quando o si-mesmo, em sua suposta separatividade, impõe significado subjetivo à experiência, o resultado é a inautenticidade ("Projetar o si-mesmo sobre a miríade de coisas para autenticá-las é ilusão"). Por outro lado, quando o si-mesmo é construído autêntico pela experiência (a miríade de coisas) ou é tornado por elas um si-mesmo, o resultado é a natureza do si-mesmo autêntico. Nessas interfaces da multiplicidade de formas de manifestação da natureza búdica (lembrem das ondas do mar) constituem-se as múltiplas manifestações singulares do mesmo si-mesmo, sempre momentâneas, impermanentes, fulgores de existência, belos, frágeis e vulneráveis em seu brilho fugidio, mesmo quando aterrorizantes como tsunamis.

O si-mesmo inautêntico é abstrato e ilusório, porque é uma mera imagem criada a partir da síntese de experiências passadas que não são mais reais nem concretas, e porque o mundo que ele experimenta é um mundo abstrato e conceitual. Não há juízo de valor negativo ou positivo quanto à ilusão: castelos de areia podem ser belos ou feios, mas sempre frágeis e transitórios. O si-mesmo autêntico, por outro lado, é concreto, porque é constituído pela experiência imediata. Devido a *ser* ele apenas experiência imediata, não pode haver nenhum si-mesmo real prévio à experiência que anteceda e desfrute da experiência, ou um si-mesmo real que *tenha* experiências. O si-mesmo concreto não pode existir independentemente da experiência ou previamente a ela como simplesmente um si-mesmo que experimente fatos objetivos de uma maneira diferente, mas precisa ser a "miríade de coisas" em si mesmas como imediatez vivida. Isto também está implicado na superação da clivagem sujeito-

-objeto na consciência, na qual a unificação da consciência significa que o sujeito é o objeto. Podemos e devemos aprender a lidar com as formas de *manas*, as ilusões, através de nossos sistemas de conhecimento e tratamento; mas devemos lembrar de sua característica ilusória e não essencial. Aprender a lidar com nossa característica de seres de sonho. Miragens, como está descrito no Lankavatara Sutra.

Se o si-mesmo autêntico, que quer dizer o si-mesmo concreto, é a forma do si-mesmo como a unidade do sujeito e do objeto, então isto tem implicações importantes para a autocompreensão humana e para a expressão social de tal compreensão. Se a experiência está constantemente mudando, então o verdadeiro si-mesmo, que nada mais é que uma unidade de experiência imediata, tem que constantemente estar mudando. Se a palavra "Eu" puder ser usada em qualquer sentido rigoroso, então "Eu" precisa de fato ser uma série de si-mesmos que entram em existência momentânea na forma de experiência unificada e sucessivamente perecem à medida que a experiência muda.

Além disso, a compreensão de Dogen do que constitui a iluminação ou natureza do si-mesmo autêntico não pode ser facilmente captada em separado de uma compreensão do verdadeiro si-mesmo como sendo impermanente, porque tanto no *Genjo-koan* como em outros textos está dito que a iluminação ela mesma é sempre e somente iluminação em uma situação particular, e assim, consequentemente, mais do que a iluminação ser um evento singular e para sempre, ela é um evento que precisa ser manifestado cada vez que um novo evento é experimentado. No *Genjo-koan* está dito que a iluminação, como a autenticação do si-mesmo pela miríade de coisas, tem que continuar para sempre. Mas o que é especialmente sugestivo para o leitor moderno de Dogen é a ideia de que a verdadeira natureza do si-mesmo não é permanente e imutável, que não é algo que precise ou possa ser protegida de dano, que não seja algo privilegiado ao ser isenta da impermanência a que tudo mais está sujeito. Podemos especular quanto ao impacto sobre as instituições humanas e outras formas culturais que teriam si-mesmos não mais motivados primariamente por medo e insegurança diante da mudança e da morte.

Parte da compreensão comum da natureza do si-mesmo é a de que o si-mesmo é permanente e substancial – um objeto que persiste – e, portanto, que necessita de proteção. Outra parte da definição do si-mesmo é que ele é separado, e consequentemente um problema da definição tradicional está na maneira pela qual se dão seus limites. Isto é o mesmo que dizer que o si-mesmo é um pequeno si-mesmo, limitado pela pele do indivíduo. A própria natureza deste pequeno si-mesmo é que ele é experimentado como estando separado de tudo mais por uma linha precisa e absoluta, e, de fato, "si-mesmo" significa "não outro". Mas se o si-mesmo autêntico for do jeito descrito mais acima, podem ser derivados dois corolários significativos que apontam para a natureza essencialmente social do si-mesmo. Primeiro, o si-mesmo autêntico é dinâmico e ativo de uma maneira que é impossível ou, no melhor dos casos muito difícil, para o si-mesmo inautêntico, já que, ao contrário do si-mesmo inautêntico que meramente observa e interpreta, o si-mesmo autêntico, como experiência concreta imediata, está profundamente imerso na experiência, quer dizer, no mundo.

Em outras palavras, a vida do si-mesmo autêntico não é nada mais que a vida de todas as coisas, e, portanto, o si-mesmo autêntico é parte do mundo dos eventos cotidianos de um modo que é problemático para o si-mesmo inautêntico. Em segundo lugar, e intimamente relacionada com a atividade do si-mesmo autêntico, está a natureza relacional de tal si-mesmo, porque tal si-mesmo não tem existência prévia ou separada da experiência que de fato o constitui. Tal si-mesmo não está englobado absolutamente dentro de um corpo em particular e separado de seu mundo objetivo. ***Ele é na verdade o próprio "outro" de um modo real***. Assim, quando Dogen diz no *Shobogenzo kajo* (Vida Cotidiana) que a vida cotidiana dos patriarcas iluminados consiste simplesmente em comer arroz cozido puro e beber chá verde puro, ele quer dizer que a natureza do si-mesmo autêntico – i.e., a iluminação dos patriarcas – se constitui de atos comuns e representativos como estes, e que não existe si-mesmo real independentemente desses atos. Em *Yuibutsu yobutsu* ele diz: "O que o Buda diz que é o si-mesmo é precisamente o universo inteiro. Assim, quer se esteja consciente disto ou não, não há universo que não seja este si-mesmo..." E em outra passagem ele cita o Mestre Chang-sha como tendo dito:

> O universo inteiro é o olho de um monge.
> O universo inteiro é a fala cotidiana de um monge.
> O universo inteiro é o corpo inteiro de um monge.
> O universo inteiro é a luz ofuscante do si-mesmo.
> O universo inteiro está dentro da luz ofuscante do si-mesmo.

Agora, se "a luz ofuscante do si-mesmo" (que quer dizer, a luz ofuscante que *é* o si-mesmo) é aquilo que chamamos de si-mesmo autêntico, tal si-mesmo não está "simplesmente localizado" nem limitado a um corpo-mente particular, mas tem que englobar a totalidade de eventos singulares que compõem a experiência. "Deixar cair corpo e mente", como Dogen diz na segunda passagem citada anteriormente do *Genjo-koan*, envolve, no processo de ser autenticado pela miríade de coisas, a manifestação da compreensão de que o verdadeiro si-mesmo tem um âmbito muito maior do que previamente imaginado. Tal si-mesmo não é absolutamente distinto nem separado do mundo como é o si-mesmo inautêntico; ele é tanto um ingrediente no mundo quanto engloba o mundo inteiro ao mesmo tempo. Por esta razão, traduções recentes do termo budista sânscrito *sunyata* como "abertura ilimitada", "luminosidade" e semelhantes, são de muitas formas preferíveis à tradução mais antiga e disseminada do termo como "vacuidade". Estas novas traduções evitam o sabor negativo de "vacuidade" e ao mesmo tempo capturam acuradamente o significado da experiência como sendo aquilo que engloba mais e mais da experiência como "si-mesmo".

A natureza relacional do si-mesmo autêntico exclui a possibilidade de que a natureza do si-mesmo possa ser isolada e alienada do mundo mais amplo. Ser um si-mesmo autêntico envolve a transcendência apenas no sentido de que sua realização é coetânea com um abandono do impulso do si-mesmo pela busca de autoproteção, conforto, dominação e similares. Transcendência é transcendência do si-mesmo, não transcendência do mundo. O indivíduo atravessa a barreira do si-mesmo inautêntico até chegar ao chão que é o si-mesmo autêntico e original através do processo de esquecimento do si-mesmo, e este esquecimento do si-mesmo consiste na autenticação do si-mesmo pela miríade de coisas da experiência. Desta forma o si-mesmo é experimentado como englobando "o outro" como si-mesmo e ocorre a manifestação da realização de que o universo inteiro do jeito que é manifesta a realidade absoluta (*genjo-koan*) ou verdadeiro si-mesmo.

Este sentido de identidade, entretanto, não é o objetivo final, porque compromisso e empatia não estão apenas envolvidos no processo de autenticação, são realmente o objetivo final. Compromisso com todos os seres e empatia com seu sofrimento. O voto do bodhisattva, no budismo de expressão Mahayana, como é o caso do zen, expressa o ideal da compaixão como atividade, ação engajada, visando a libertação de todos os seres sencientes. Dogen deixa claro que a liberação de todos os seres inclui os seres humanos, mas os ultrapassa. Transcendência do egocentrismo e do antropocentrismo. O que significa para nós humanos rejeitar nossas suposições mais firmes, quais sejam, que a história tem apenas significado humano, que os humanos são privilegiados por natureza, que o mundo não-humano é apenas "um recurso" cujo propósito é servir às necessidades humanas, que os humanos são os favoritos dos deuses?

Assim, a essência da característica humana do ser humano pode não consistir de uma afirmação arrogante e não crítica das pulsões, atitudes, objetivos humanos, mas sim de um cultivo da vida humana emergindo a partir de uma avaliação radicalmente crítica do que seja ser humano e da natureza das suposições humanas. Todos os seres são Buda, e não podemos entender a natureza do si-mesmo autêntico fora desse campo. A realização dessa qualidade de não essência absoluta é a realização de que tudo mais, sem exceção, é essa mesma não essência, vacuidade, abertura absoluta e luta. A natureza do si-mesmo autêntico e o voto de libertar todos os seres envolve a percepção da natureza búdica de todas as coisas, a negação dos seres humanos como lugar absoluto de valor e a necessidade consequente de estender o cuidado amoroso para mais além do reino humano. Tudo e todos sofrem, manifestam medo, dor, portanto precisam de empatia e cuidado. Transcender o egocentrismo e o antropocentrismo são a base da ação altruísta, que na verdade é dirigida para o si-mesmo que se manifesta em todos os seres em suas infinitas formas singulares. Isso pode nos libertar de nossa necessidade arrogante de sermos o ápice das criaturas viventes e nos reconectar com nossa continuidade com o restante da natureza.

Voltando à frase "deixar cair corpo e mente", podemos compreendê-la como deixar cair o ideal do corpo, tornando-se livre do medo compulsivo da morte, aceitando sua impermanência e mortalidade constitutivas, e deixar cair o ideal da mente, dedicando-se à prática de identificar os inexauríveis mecanismos projetivos e transformá-los.

A natureza do si-mesmo autêntico é, portanto, relacional: ele existe no cruzamento das existências momentâneas que chamamos "seres"; isso não é uma ideia abstrata, tipo nossos compromissos com um grupo, religião, nação ou espécie, que não nos levam a um compromisso real com a eliminação das injustiças, opressões e sofrimento. O senso de comunidade que resulta da manifestação desse si-mesmo autêntico deriva da experiência vivida do "outro" como si-mesmo na superação da separatividade através da prática, não através de um conceito abstrato. Esse si-mesmo autêntico não é apenas a unidade na experiência de meras entidades físicas separadas, mas a unidade na experiência de todas as dores, alegrias e tristezas, a base da empatia e compaixão engajada de todos os bodisattvas. Em cada experiência de ódio, preconceito, drama auto-referente, paixão, vaidade ou melancolia narcísicas, o praticante identifica o pequeno si-mesmo em seu processo de autoafirmação e defesa e procura transformar ilusão em iluminação.

Essa experiência está presente na ação engajada – o cuidado com todos os seres, manifestando-se nos campos de atuação abertos para nós. Esse é o cultivo do caminho espiritual para o budista mahayana, para quem o si-mesmo autêntico é a fundação necessária para a verdadeira compaixão e o compromisso com o coletivo dos seres, e para quem o reforço do pequeno si-mesmo, aquele que se divide entre as noções de eu e outro como entidades reais, é um obstáculo para o exercício dessa compaixão e engajamento. Compaixão é a expressão dinâmica da iluminação, corporificada no exemplo do Buda Shakyamuni, que manifesta as duas qualidades da humanidade plena: *prajna*, sabedoria, e *karuna*, compaixão. *Prajna* é a qualidade de ver os seres tal qual se apresentam, sem as distorções (ilusão) que o medo e a insegurança engendram. *Karuna* é o cuidado com todos os seres derivado da percepção iluminada (*prajna*), sentindo junto a dor e a confusão de todos os seres e a aspiração de nos libertarmos todos juntos.

A sensação do pequeno si-mesmo como substancial é um obstáculo para *prajna*, criando a oposição entre eu e outro que é a base do sofrimento pessoal e social. A conduta compassiva é bloqueada pela alienação que impomos a tudo que chamamos de outro em relação a nós, nosso sexo, nossa "raça", nosso grupo, nossa religião, nossa ideologia, nosso país etc. Essas filiações que nos defenderiam da perda de nossas identidades (cuja transitoriedade negamos) perpetuam injustiças, desigualdades e opressões. O projeto zen budista, se podemos assim chamá-lo, está resumido nos três fundamentos da prática:

Não saber, testemunhar, engajar-se compassivamente;

e nos quatro votos do praticante (bodisattva):

As criações são inumeráveis, faço o voto de libertá-las.
As ilusões são inexauríveis, faço o voto de transformá-las.
A realidade é ilimitada, faço o voto de percebê-la.
O caminho do despertar é insuperável, faço o voto de corporificá-lo.

É um projeto de transformação radical do mundo tal qual o vivemos, partindo da transformação radical de cada pequeno si-mesmo em manifestação da iluminação ou do si-mesmo autêntico, transcendendo através da prática a dualidade eu-outro.

Capítulo 10

Contemplando a espiritualidade budista*

Necessário fazer uma observação sobre o termo "budismo". Trata-se de mais uma ocorrência do pensamento hegemônico eurocêntrico colonialista que classifica os fenômenos de todas as civilizações e culturas a partir do ponto de vista de que a filosofia e a ciência ocidentais são a pedra filosofal de todo o conhecimento. "Budismo" é um termo que coloca as práticas que se autodenominam descendentes dos ensinamentos da figura do Buda mítico-histórico no grupo comum que inclui como paradigmas as religiões monoteístas abraâmicas.

Esse é um reducionismo que leva a discussões inúteis sobre se o budismo é uma religião, filosofia ou psicologia, se é uma religião de ateus ou agnósticos, e assim por diante. Além disso, o termo "espiritualidade" pode ser enganoso no que tange ao "budismo", já que, para algumas tradições, sequer existe um espírito individualizado.

* Este capítulo se baseia no capítulo "Saúde e espiritualidade budista", de minha autoria, do livro sobre Saúde e espiritualidade organizado por Bruno Oliveira, a ser publicado pela Editora Rubio no segundo semestre de 2025.

Darma é um termo sânscrito (habitualmente transcrito como *dharma*) que tem inúmeras traduções. Com letra maiúscula, significa a lei cósmica, a natureza do universo, a forma visível da natureza búdica, a matriz da manifestação do universo. Também pode ser traduzido como a missão, tarefa de uma pessoa nesta vida, neste mundo (como no *Bhagavad-Gita*). Com letra minúscula, traduz-se, em geral, como "fenômeno" na tradição hindu.

Lembremos que a prática do darma como a conhecemos surgiu por volta do século VI a.C. no subcontinente indiano, na região hoje conhecida como Nepal. Naquela época, havia uma mistura de crenças e práticas religiosas, algumas animistas, outras relacionadas com escrituras indo-arianas antigas chamadas vedas.

Quando Buda começou a compartilhar sua visão e práticas, chamou a isso de compartilhar o darma, o qual foi levado a várias regiões da Ásia por seus praticantes, estabelecendo-se várias tradições regionais, vinculadas às línguas nas quais os sutras (escrituras do darma) foram traduzidos e interpretados.

A prática do Darma se baseia em três pilares: ética, meditação e sabedoria e cada pilar tem suas subdivisões e técnicas. Cada tradição pode enfatizar mais um aspecto que outro, mas os três caracterizam o Darma enquanto prática. Você poderá pesquisar mais sobre esse tema buscando os oito caminhos de libertação, método que Buda ensinou para a libertação humana.

Como resultado de sua iluminação, Buda declarou as chamadas quatro nobres verdades, traduzidas por Stephen Batchelor como quatro práticas que enobrecem o ser humano. São elas:

- A angústia é a condição existencial do ser humano;
- Essa angústia decorre do apego ou aversão compulsivos;
- É possível libertarmo-nos dessa angústia; e
- Essa libertação se dá através da prática dos oito caminhos de libertação.

Os oito caminhos de libertação se agrupam em três treinamentos: ética, meditação e sabedoria. A ética se treina através de ações corretas ou adequadas na vida, bem como fala e meio de vida corretos. A meditação, através de concentração e esforço corretos e atenção plena. E a sabedoria por meio de estudo – sabedoria mundana – e da sabedoria transcendental, resultado dos outros sete caminhos.

Buda não criou uma religião nem um clero. Esse efeito foi posterior à sua morte. Ele criara uma ordem, portanto um conjunto de regras que os praticantes do darma deveriam respeitar, formando uma comunidade. As vicissitudes históricas e os debates doutrinais que levaram à formação de grupos monásticos e leigos diferenciados em cada região não são nosso tema. Basta saber que, depois de oitocentos anos, já havia muitos grupos e tradições diversas, tão diferentes às vezes que nem pareciam oriundas da mesma raiz.

Sem entrar em detalhes doutrinários, podemos dividir as tradições do darma em dois grandes grupos: as tradições devocionais e as não devocionais.

As tradições presentes no Brasil são derivadas tanto de missionários quanto de imigrantes, praticantes dos chamados budismos étnicos. A maioria das tradições se vincula a grupos originariamente japoneses, coreanos ou tibetanos, com uma minoria derivada de grupos originalmente chineses. A maioria dos praticantes está na região Sudeste, com grupos esparsos por todo o nosso país.

Optei pela denominação "tradições devocionais" para designar aquelas práticas do darma que postulam uma relação de adoração e oração com uma entidade divina ou uma escritura sagrada. O devoto se coloca em posição de alguém que busca a proteção ou a "graça" de uma divindade ou de uma escritura divinizada. Nesse aspecto, as tradições devocionais do darma se aproximam das religiões em que um deus, ou deuses, intervém nos destinos humanos.

Em todas as tradições do darma, existem aspectos devocionais e não devocionais, entretanto optei por classificar dessa forma as tradições de acordo com as práticas preferenciais ou majoritárias em cada grupo.

No Brasil, as tradições devocionais do darma são representadas principalmente pelo ramo brasileiro da Soka Gakkai, pelas comunidades da Terra Pura e pelo budismo de Nichiren Daishonin.

Os praticantes dedicados à devoção ao Sutra do Lótus podem ser todos considerados como pertencentes à tradição criada pelo monge budista japonês Nichiren Daishonin no século XIII. Sua prática consiste no estudo dessa escritura japonesa e na repetição do mantra "Nam-myoho-renge-kyo" várias vezes por dia, geralmente diante de altares domiciliares. Os praticantes vinculados à Soka Gakkai, grupo budista oriundo do Japão, formam uma comunidade administrada por leigos e estruturada em células familiares, com reuniões semanais em residências para estudo e recitação. O grupo que mantém ordenação monástica, que optei por chamar de budismo de Nichiren, é bem menor. O grupo leigo surgiu a partir de um cisma com a comunidade monástica na segunda metade do século passado, por questões administrativas e não doutrinárias.

Os praticantes da Soka Gakkai são o grupo autodenominado budista de maior expressão numérica em nosso país, segundo o Censo de 1990. Têm uma organização que busca incluir todas as famílias, grupos de jovens e mulheres, e uma ação de suporte importante para seus membros. Dedicam-se ativamente à conversão, o que os diferencia da maioria dos outros grupos de praticantes.

Os praticantes acreditam que a repetição do mantra, com entrega, fé e dedicação, pode levá-los a alcançar a realização de seus objetivos. Esse mantra é a primeira linha do sutra do lótus conforme lido em japonês. Como dito acima, a organização é estruturada em células familiares, várias em cada bairro das cidades, e as reuniões de estudo e recitação vão fortalecendo os vínculos entre os membros. Possuem templos distritais e regionais, onde são realizadas reuniões maiores.

Os praticantes do budismo da Terra Pura estão presentes em maior número nos estados de São Paulo e Paraná, principalmente entre descendentes de imigrantes japoneses. Essa tradição, surgida inicialmente na China e desenvolvida no Japão do século XIII, baseia-se nos Três Sutras da Terra Pura e na adoração ao Buda Amida, o Buda da Luz Infinita, uma divindade cósmica que habita o paraíso oriental do Buda, *Sukhavati*, a Terra Pura. Uma de suas crenças é no poder da recitação do mantra "Nembutsu" (*Namu Amida Butsu*) principalmente na hora da morte, quando faria o praticante renascer na Terra Pura.

Para os praticantes da Terra Pura, neste mundo, não seria possível a salvação pelo poder da prática própria individual – poder próprio – (*joriki*), como através das diversas formas de meditação sobre a vacuidade (ver mais adiante nas práticas não devocionais). Apenas a fé no Buda Amida, a recitação do Nembutsu e a prática dos preceitos podem trazer a salvação através do outro poder (*tariki).*

A principal tradição não devocional do darma éo zen (*son*, em coreano; *chan*, em chinês). Tem uma comunidade composta de monásticos e leigos, com templos e mosteiros em vários locais do Brasil. A sede da comunidade zen oficial para o Brasil e a América Latina é o templo Busshinji, em São Paulo, capital, no bairro da Liberdade.

O zen, na forma mais praticada no Brasil, nasceu no século XIII no Japão, tendo como fundador Dogen Zenji. Sua prática fundamental é a meditação sentada – zazen – tecnicamente uma forma de meditação focada na vacuidade (*shunyata*). A salvação aqui é considerada a libertação dos apegos e aversões aos desejos e angústias humanas, através da contemplação de sua fundamental impermanência e ausência de materialidade (às vezes chamada ausência de eu substancial). Essa libertação se alcançaria através do zazen. Diz-se no zen que a transcendência se realiza na imanência, e que do zazen derivam a compaixão – sabedoria engajada no cuidado de todos os seres – e a alegria inerente à vida plenamente presente aqui e agora.

O zen é, por definição, o exemplo de *joriki*. Para os praticantes da Terra Pura, a realização através do zazen só seria possível após a morte, na Terra Pura, porque, neste mundo de expiação, não seria possível a meditação nos moldes preconizados no zen.

Existem também tradições não devocionais filiadas a comunidades *Theravada* (budismo antigo) do Sri Lanka e do Sudeste da Ásia, cuja prática primordial também é a meditação nas formas *shamatha*, focada em postura e respiração, e *vipassana*, focada em atenção plena ao fluxo da consciência, conhecida pelo termo *mindfulness*. Essa prática de *mindfulness* se difundiu pelo ocidente separada dos demais aspectos do darma e passou a integrar programas de "qualidade de vida" variados.

As tradições de origem tibetana combinam aspectos devocionais e não devocionais, em proporções variáveis conforme a linhagem. Aliás, tanto nas tradições tibetanas como nas citadas anteriormente, existem múltiplas linhagens de transmissão, que podem trazer diferenças importantes em relação ao básico de cada tradição.

Podemos considerar que, para os praticantes que têm fé verdadeira em suas práticas, tanto faz serem devocionais ou não, porque todas levam à libertação das angústias vinculadas aos desejos compulsivos e aversões, causa raiz do sofrimento segundo Buda. Ênfases em aspectos diferentes dos oito caminhos de libertação podem levar a diferenças doutrinárias, mas não a diferenças de resultados.

Para alguns, existe uma iluminação que é algo como um acesso ao transcendental, levando quase a uma ideia de aquisição de poderes místicos. Isso seria equivalente a estar no nirvana, estado de superação da condição humana comum, existente neste mundo de ilusão e sofrimentos, o samsara. Para outros, a iluminação equivale à possibilidade de estar realmente presente nesta vida, no aqui e agora, percebendo o desdobrar constante das ilusões, levando a uma presentificação do transcendental na imanência. Este corpo, aqui e agora, é o tempo-espaço de manifestação da natureza búdica e de todas as suas experiências. Nirvana e samsara seriam diferentes formas de manifestação das ilusões.

Você poderá ver alguém falando de Buda como um ser humano que, através de profunda contemplação, alcançou a compreensão da natureza humana como manifestação da natureza búdica e que, a partir dessa realização, ensinou métodos para seus semelhantes alcançarem a mesma realização. Outro praticante poderá mencionar diversos budas cósmicos, além de muitas deidades menores, num universo onde essas múltiplas deidades se manifestam e se relacionam em histórias complexas.

Quanto a crenças em vida após a morte, as tradições variam. Estrito senso, Buda nunca falou sobre o tema ou sobre a existência ou não de um criador supremo. Ainda assim, cada tradição possui crenças específicas sobre esses temas. As escrituras budistas – denominadas, em geral, sutras – foram escritas no decorrer de muitos séculos, por autores diversos de diversas culturas asiáticas, e não têm o mesmo peso hermenêutico de escrituras consideradas reveladas por Deus em outras religiões.

Alguns praticantes, mais voltados para as práticas da não dualidade, poderão dizer que não existe nada semelhante a uma alma ou espírito que permaneça após a morte, que a natureza búdica flui e se manifesta por aspectos ilusórios que chamamos vida e morte, aparecendo eventualmente como singularidades que chamamos indivíduos, como ondas no mar, que crescem e diminuem, mas são a mesma água. As forças do carma dão forma às ondas, mas não seria a noção de carma comum no ocidente, que diz respeito a recompensas ou castigos individuais conforme as ações da pessoa. Carma aqui são as forças colocadas em movimento pelos seres vivos e que reverberam por todo o universo, fazendo ondas singulares surgirem e morrerem.

Outros, mais vinculados a práticas devocionais, podem acreditar em carma nesse sentido mais comum de recompensa ou castigo e que suas almas renascerão no paraíso de um dos budas cósmicos após a morte, onde poderão aperfeiçoar suas práticas e reencontrarão ancestrais. Ou que estarão em um dos muitos infernos da mitologia budista.

Alguns creem em reencarnação, outros, em renascimento, algo não relacionado com a noção de uma alma eterna, mas sim com a natureza búdica desaparecendo e reaparecendo numa dança eterna.

Muitas pessoas em nosso país criam uma mistura particular das diversas religiões e práticas a que estão expostas, sendo um tanto artificial imaginar um hipotético "praticante puro" de qualquer religião ou tradição. Frequentemente, conceitos de uma religião são interpretados através da cosmovisão de uma outra, e esse mecanismo, no mais das vezes, é inconsciente. Incluo-me nesse grupo. Criado por pai umbandista e mãe católica, iniciado no candomblé, meu estar-no-mundo não tem pureza ideológica nem filosófica.

No darma ensinado por Buda, não existe a noção de pecado ou da doença como castigo. Envelhecer, adoecer e morrer são o destino de todos os seres. O caminho do bodisatva, modelo ideal de vida para muitos praticantes, se realiza através do cuidado, da compaixão e da sabedoria corporificados através da existência do praticante. Tudo que conhecemos e vemos são miragens criadas pela mente, apenas o cuidado, expressão ativa do amor, existe como realidade mais além da imaginação.

O praticante tem no cuidado a expressão maior do darma, e o autocuidado é parte importante, jáque viabiliza o cuidado de todos os seres sencientes em torno do praticante. Assim, não se cuida para evitar doença, velhice ou morte, cuida-se porque essa é a missão na vida do praticante, que deve corporificar o darma na sua existência.

Todos os dias, muitos de nós recitamos ao despertar as cinco lembranças:

- É da minha natureza envelhecer, não posso evitar a velhice;
- É da minha natureza adoecer, não posso evitar a doença;
- É da minha natureza morrer, não posso evitar a morte;
- Todas as coisas e seres que amo compartilham a natureza da mudança, não posso evitar a separação; -
- Meus atos são minhas únicas posses verdadeiras, não posso evitar as consequências dos meus atos; meus atos são o chão onde fico de pé.

Que todos os seres possam se beneficiar das ações dos que cuidam com presença plena.

Algumas sugestões de leitura

1. Budismo sem Crenças – Stephen Batchelor, Ed. Palas Athena, São Paulo, 2005.
2. Quando tudo se desfaz – Pema Chödron, Ed. Gryphus, Rio de Janeiro, 2001.
3. Presente no Morrer – Joan Halifax, Ed. Gryphus, Rio de Janeiro, 2018.
4. Os Cinco Convites - Frank Ostaseski, Ed. Sextante, Rio de Janeiro, 2018.

Este livro foi diagramado utilizando a fonte Minion Pro e
impresso pela Gráfica Vozes, em papel off-set 120 g/m^2 e
a capa em papel cartão supremo 250 g/m^2.